ALEXANDER HACKING

DIE 5 SÄULEN DER TRADING

Wie Sie durch rationale Entscheidungen mehr Gewinne an der Börse erzielen

Erfolgreich handeln mit Aktien, ETFs, Forex, Kryptowährungen & weiteren Assets

Umweltschutz: Der Druck erfolgt in chlorfreier Tinte und das säurefreie Papier für den Innenteil des Buches wird von einem Anbieter mit Forest Stewardship Council-Zertifizierung bezogen. Alle Abfälle, die beim Drucken entstehen, werden ordentlich recycelt und verwertet. Der Druck dieses Buches wird über ein Print-on-Demand-Verfahren abgewickelt. So werden nur Bücher angefertigt, die auch benötigt werden. Dies spart Ressourcen und schont die Umwelt.

Inhaltsverzeichnis

Vorwort

Ein guter Trader zeichnet sich unter psychologischen Gesichtspunkten dadurch aus, dass er seine Emotionen unter Kontrolle hat. Darüber hinaus analysiert er auf differenzierte Weise und vermeidet Verzerrungen seiner Wahrnehmung. Er folgt einer klaren Strategie und den selbst auferlegten Regeln. Abgesehen davon charakterisiert sich ein guter Trader auch durch Kenntnisse in der technischen Analyse von Charts und ist sich der Regeln des Marktes bewusst. In diesem Ratgeber wird auf die technische Analyse und die Marktregeln nur am Rande eingegangen. Im Vordergrund steht stattdessen die Aufklärung über die Trading-Psychologie und die Vermittlung von Inhalten, mit denen **differenzierte und emotional kontrollierte Trading-Entscheidungen gefördert** werden.

Neben der eigenen Psyche spielen im Trading die Stimmung und das Verhalten der anderen Marktteilnehmer eine wichtige Rolle. In Phasen, in denen die Märkte generell schwach performen, agiert ein Großteil der Anleger ängstlich und verkauft auch jene Wertpapiere, die nach analytischen Erkenntnissen und unter rationalen Aspekten nicht an Wert verlieren dürften. Irrationale Entwicklungen an den Wertpapierbörsen, Kryptobörsen und auf anderen Märkten gehören zum Trading dazu. Selten lassen sich diese irrationalen Entwicklungen im Voraus erahnen, weswegen

dieser Ratgeber die Psychologie der Marktteilnehmer nur kurz thematisieren wird.

Der Fokus in den folgenden Kapiteln liegt auf Inhalten, mit denen jeder Trader sich selbst psychisch festigt und so weiterentwickelt, dass er die psychologischen Voraussetzungen für erfolgreiches Trading erfüllt. Die **Psyche legt den Grundstein für die konsequente Anwendung von Trading-Strategien**, das Treffen fundierter Trading-Entscheidungen und die Disziplin bei der Befolgung der selbst auferlegten Regeln.

Basierend auf Erfahrungen aus jahrelanger Praxis im Trading sowie Beobachtungen von erfolgreichen Tradern wurde ein Konzept der Trading-Psychologie entwickelt, das auf 5 Säulen basiert. In den folgenden Kapiteln wird jede dieser Säulen vorgestellt. Durch **Techniken, Hinweise und Übungen** werden Sie im Rahmen dieses 5-Säulen-Konzepts schrittweise daran herangeführt, Ihre Emotionen zu kontrollieren, Denkfehler zu vermeiden, Strategien sowie Regeln zu entwickeln und einzuhalten und die psychische Gesundheit langfristig zu fördern.

- **Säule 1: Emotionale Kontrolle im Trading**
  Angst, Gier, Ungeduld, Wut, Euphorie und weitere positive sowie negative Emotionen beeinflussen die menschlichen Handlungen. Hieraus resultieren fehlerhafte Entscheidungen, denn jeder emotionale Einfluss mindert die rationalen Urteilsfähigkeiten. Im ersten Kapitel erwarten Sie daher Techniken, Hinweise und Übungen zur Emotionskontrolle.

- **Säule 2: Kognitive Verzerrungen und Denkfehler vermeiden**
  Kognitive Verzerrungen resultieren daraus, dass man in seinem Denken von tief verwurzelten Grundsätzen fehlgeleitet wird. So können Personen dazu neigen, bestimmte Argumente stärker zu gewichten und dadurch andere Argumente zu übersehen. Auch ein charakterlich verankerter Optimismus oder Pessimismus führt zu Denkfehlern. Kapitel 2 hilft bei der Vermeidung kognitiver Verzerrungen.

- **Säule 3: Struktur und Strategie im Trading**
  Das Trading ist ein Fachgebiet, in dem es zahlreiche Theorien, Methoden, Strategien und weitere Aspekte zu berücksichtigen gibt. Für erfolgreiches Trading ist aufgrund der Vielzahl an Optionen ein eindeutiger Plan mit klaren Zielen notwendig. Die Techniken, Hinweise und Übungen in Kapitel 3 unterstützen Sie bei der Ausarbeitung eines solchen Plans, den Sie daraufhin diszipliniert umsetzen sollten.

- **Säule 4: Balance zwischen persönlichem Leben und Trading**
  Die Work-Life-Balance ist ein unverzichtbarer Bestandteil der langfristigen psychischen Gesundheit. Trading kann stressig sein. Allem voran für Beginner gibt es mehrere potenzielle Stressoren. Sowohl Beginner als auch erfahrene Trader sind gut beraten, dem Stress durch gezielte Techniken und Übungen entgegenzuwirken. Die Inhalte in Kapitel 4 helfen dabei.

- **Säule 5: Bildung und kontinuierliche Weiterentwicklung**
  Wer rastet, der rostet. Dieser Spruch kann auch auf die mentale Verfassung bezogen werden: Wer sich nicht weiterentwickelt und seine Fähigkeiten sowie sein Wissen nicht erweitert, wird

sich mit der Zeit langweilen oder keine Erfüllung empfinden. Sich selbst zu verwirklichen und regelmäßig Herausforderungen zu meistern, ist für die langfristige psychische Gesundheit förderlich – mehr hierzu in Kapitel 5.

Abschließend sei erwähnt, dass die Trading-Psychologie ganz und gar nichts mit Esoterik oder anderen wissenschaftlich nicht erwiesenen Modellen zu tun hat. Es handelt sich zudem um keinen modernen Trend. **Trading-Psychologie ist ein seit Jahrhunderten omnipräsentes Fachgebiet des Tradings**. Schon 1637, zum Zeitpunkt der ersten gut dokumentierten Spekulationsblase der Weltgeschichte – es geht um die Tulpenmanie in den Niederlanden –, zeigten sich Aspekte der Trading-Psychologie: Die Massen folgten in ihrer Gier blind einem Boom und sahen das vorprogrammierte Platzen der Börsenblase nicht kommen, obwohl es nur eine Frage der Zeit war.

Mit dem Aufkommen des medizinischen Fachgebiets der Psychologie und durch den digitalen und somit leichten Zugang zum weltweiten Wertpapiermarkt hat die Trading-Psychologie an Bedeutung gewonnen. Da heutzutage eine größere Menge an nicht fachlich ausgebildeten Personen tradet, sind **Fälle von mangelnder Emotionskontrolle und voreiligen Trading-Entscheidungen weit verbreitet**. Studien greifen zudem das Thema des Suchtpotenzials von Börsenspekulationen auf. Hierbei wird u. a. von der psychotropen Wirkung des Tradings berichtet: Es entspreche einem „Nervenkitzel", sein Geld zu setzen und den Ausgang des Wagnisses nicht zu kennen (Meyer, Jahr unbekannt). Trading-Psychologie ist also in vielfacher Hinsicht relevant.

Die psychologischen Auswirkungen des Tradings reichen also so weit, dass sie ein **Suchtpotenzial entfalten** können. In diese Falle können sogar erfolgreiche und erfahrene Trader hineintappen. Bei kontinuierlichen Erfolgen ist ein schleichender Kontrollverlust denkbar, den man zunächst nicht wahrnimmt, ehe man sich plötzlich in einer Lage befindet, in der man den „Kick" braucht: Geld zu setzen und zu riskieren, verschafft dem Trader Befriedigung, wobei nur die unter hohem Risiko errungenen Erfolge zur Selbstbestätigung beitragen – einen Zustand wie diesen gilt es zu vermeiden.

Mit Blick auf das Suchtpotenzial sind Sie als Leser dazu aufgerufen, die Inhalte dieses Ratgebers nicht nur einmal zu verinnerlichen, sondern sie sich regelmäßig ins Gedächtnis zu rufen und wieder aufzufrischen. Durch **permanente Achtsamkeit und regelmäßiges Hinterfragen**, ob Sie Ihre Emotionen nach wie vor unter Kontrolle haben, beugen Sie dem Suchtpotenzial des Tradings vor.

Nun ist es an der Zeit, sich mithilfe der Inhalte in den folgenden Kapiteln schrittweise das **psychologische Know-how anzueignen und dieses konsequent anzuwenden**, um langfristig erfolgreich und sicher zu traden. Merken Sie sich bei alledem: Das theoretische Wissen (u. a. Marktkenntnis, Chart-Analyse) ist für erfolgreiches Trading unverzichtbar. Doch die psychologischen Kompetenzen sind noch wichtiger! Erst durch die richtige Einstellung, Selbstkontrolle und Disziplin legen Sie den Grundstein dafür, dass Sie sich Wissen effizient aneignen, es kontinuierlich erweitern und schließlich im Rahmen erfolgreicher Trades anwenden.

Säule 1

Emotionale Kontrolle im Trading

In der Trading-Psychologie sind Emotionen und kognitive Verzerrungen die größten Probleme. Im Gegensatz zu Emotionen sind kognitive Verzerrungen tief im Unterbewusstsein verankert. Sie müssen in der Regel über einen längeren Zeitraum behandelt werden. Demgegenüber **lassen sich Emotionen häufig bereits mit kleinen Mitteln und Tricks unter Kontrolle bringen**. Aufgrund der einfacheren Maßnahmen und Umsetzung ist die erste Säule der Trading-Psychologie die Emotionskontrolle.

Die Inhalte in diesem Kapitel bilden eine unverzichtbare Basis fürs Trading. Bei einer Kontrolle Ihrer Emotionen werden Sie **kognitive Verzerrungen leichter vermeiden können**, denn kognitive Verzerrungen werden durch Emotionen verstärkt. Somit ist das Studium dieses Kapitels nicht nur mit Blick auf die Emotionskontrolle, sondern außerdem zum Verständnis des Folgekapitels wichtig.

5 Beispiele, wie Emotionen das Trading beeinflussen

Emotionen wirken rationalem Handeln entgegen. Dies betrifft nicht nur negative Emotionen wie Wut und Gier, sondern ebenso positive Emotionen. **Je intensiver Emotionen sind, umso stärker wirken sie auf Ihre Entscheidungen ein.**

Ein Beispiel: Wenn sich durch einen erfolgreichen Trade eine leichte Zufriedenheit einstellt, entwickeln Sie in der Regel ein gesundes Maß an Optimismus. Mehrere erfolgreiche Trades und hohe Gewinne können wiederum eine derart starke Euphorie auslösen, dass Sie eventuell zu waghalsigen Entscheidungen neigen. Bedenken Sie daher bei den folgenden Ausführungen: Es kommt weniger auf die Art als vielmehr auf die Intensität der Emotionen an.

Beispiel #1: Mangelhafte Analysen durch Überoptimismus

Erfolgreiches Trading lebt von gründlichen Analysen. Die **Muster in den Charts und relevante Kennzahlen** werden detailliert und mit aller Geduld untersucht, im Idealfall gleichen Sie die Chartmuster und Kennzahlen zusätzlich mit der **bisherigen Kurshistorie** ab.

Erst dann, wenn es in Anbetracht der Analysen wahrscheinlich ist, dass die prognostizierte Kursentwicklung eintritt, nehmen Sie einen Trade vor. Falls Sie durch bisherige Erfolge im Trading zu starken Optimismus entwickelt haben, laufen Sie Gefahr, die Analysen nicht mehr gründlich durchzuführen. Um es anhand eines Beispiels zu demonstrieren:

- In der Chartanalyse gibt es die Formation Schulter-Kopf-Schulter. Die bullische Variante der Formation, die einen Aufwärtstrend signalisiert, hat drei Tiefpunkte, wobei der mittlere der tiefste ist, und zwei Hochpunkte.
- Beide Hochpunkte haben ungefähr dieselbe Höhe. Hier wird die Nackenlinie gezogen, die zur Bestimmung des Kaufzeitpunkts wichtig ist.
- Nun zum Kursverlauf: Auf den zweiten Hochpunkt folgt ein Tiefpunkt. Nach dem Tiefpunkt setzt ein Aufwärtstrend ein. Sobald der Kurs die Nackenlinie durchbricht, liegt ein Kaufsignal vor.
- Ein überoptimistischer Trader könnte noch vor dem Durchbruch der Nackenlinie und der kompletten Bestätigung der Formation kaufen, da er aufgrund der bisherigen Erfolge euphorisch und zuversichtlich ist, dass er wieder richtigliegt.

Überoptimismus mindert in diesem Fall die Qualität der Analyse. Statt geduldig zu warten, bis sich die Formation bestätigt, wird bereits vorher eine Entscheidung getroffen. Sollte sich die Formation nicht bestätigen, sind Verluste wahrscheinlich.

Beispiel #2: Verspäteter Einstieg durch Angst

Vor allem für Anfänger, die zum ersten Mal mit echtem Geld traden, ist Angst ein potenzielles Hindernis. Während der bereits mehrfach erfolgreiche und überoptimistische Trader dazu neigen könnte, wie in Beispiel #1 zu früh in den Trade einzusteigen, **liegt die Gefahr bei einem Anfänger in dem verspäteten Einstieg**. Dabei wird das Kaufsignal in der Chartformation ignoriert und ein weiterer Kursanstieg abgewartet, wodurch man weniger Gewinn erzielt, als es bei der konsequenten Einhaltung der Strategie der Fall wäre.

- Ein weiteres Beispiel für eine Chartformation ist die Flagge. Bei der bullischen Flagge sinkt der Kursverlauf nach einer Stärkephase. Im Negativtrend gibt es immer wieder kleinere positive Kursentwicklungen. So entsteht die Flaggenform.
- Die obere Linie der Flaggenformation ist wichtig, denn sobald eine der positiven Kursentwicklungen deutlich über diese Linie hinausgeht, ist das ein Kaufsignal.
- Auf Trading-Anfänger mag die Formation generell abschreckend wirken, da selbst bei Erreichen des Kaufsignals der Eindruck einer eher negativen Kursentwicklung besteht.
- Daher warten unerfahrene Trader eventuell zu lange mit dem Kauf und lassen sich Gewinne entgehen.

Angst zu haben, ist eine natürliche menschliche Eigenschaft. Deswegen ist es umso wichtiger, sich ein klares Regelwerk zu erarbeiten, nach dem man seine Trading-Entscheidungen trifft. Die Bildung und Einhaltung eines solchen Regelwerks wird in diesem Ratgeber in den ersten drei Kapiteln immer wieder thematisiert.

Beispiel #3: Mangelnde Überzeugung durch Angst

Der Erfolg menschlicher Handlungen wird maßgeblich durch die dahinterstehende Überzeugung beeinflusst. Je geringer Ihre persönliche Überzeugung über die Richtigkeit einer Handlung ist, desto ineffizienter gehen Sie dieser Handlung nach.

Mangelnde Überzeugung kann beispielsweise dazu führen, dass Sie sich **mit dem Treffen einer Entscheidung länger aufhalten**. Dies kostet Zeit. Wer nicht schnell genug handelt, verpasst im Trading mit höchster Wahrscheinlichkeit den idealen Kaufzeitpunkt.

Außerdem geht mangelnde Überzeugung mit Ablenkung einher: Die **Zweifel sind in den eigenen Gedanken allgegenwärtig**. Sie **mindern die Konzentration** und führen schlimmstenfalls zu Denkfehlern, die die Analyse verzerren und falsche Entscheidungen bedingen.

In puncto Überzeugung ist eine Erkenntnis wichtig: Diese ist, dass man nie davon überzeugt sein kann, dass man mit dem jeweiligen Trade einen Gewinn macht. In einem derart volatilen Geschäft wie dem Trading von einem Gewinn überzeugt zu sein, wäre ein Zeichen von Überoptimismus, wenn nicht sogar ein Zeichen von Größenwahn. Überzeugung bedeutet im Trading stattdessen, dass man von seiner Entscheidung überzeugt ist.

Dieser Unterschied – von einem Gewinn überzeugt sein oder von der eigenen Entscheidung überzeugt sein – scheint winzig zu sein, doch er ist riesengroß. Immer wieder zu verinnerlichen, dass man **von der Entscheidung für einen Trade, aber nicht vom Gewinn überzeugt ist**, fördert die emotionale Entbindung. Als Folge dessen gelingt es Ihnen leichter, mit Verlusten klarzukommen.

Beispiel #4: Erhöhte Risikobereitschaft durch Wut

Man bezeichnet es als „Revenge Trading“ (deutsch: „Rache-Handel“), wenn ein **Trader wegen seiner Verluste wütend** ist, diese schnell wieder ausgleichen möchte und aus diesem Grund zügig die nächsten Trades beginnt. Dabei trifft er seine **Entscheidungen**

im Affekt, sodass diese riskanter sind, als wenn er versuchen würde, die Verluste geduldig und strategisch überlegt auszugleichen.

Bei Revenge Trades ist es nicht unüblich, dass u. a. Chartanalysen komplett missachtet werden. Des Weiteren ignorieren Trader die Kauf- und Verkaufssignale, wodurch sie das Risiko eingehen, bei Revenge Trades generierte Gewinne nicht zu realisieren und an den Wertpapieren zu lange festzuhalten, sodass schließlich Verluste eintreten.

Revenge Trading ist eines der fatalsten Beispiele dafür, wie Emotionen das Trading beeinflussen. Der Grund für das enorme negative Ausmaß von Revenge Trading ist die Tatsache, dass **meist mehrere negative Emotionen gebündelt** sind. Fast immer dabei: Gier, Ungeduld, Wut.

Beispiel #5: Geringe Work-Life-Balance durch Stress und Unzufriedenheit

Eine funktionierende Work-Life-Balance fördert Produktivität, Effizienz, Konzentration und emotionale Ausgeglichenheit. Achten Sie bei nebenberuflichem Trading darauf, dass die **Kombination aus Hauptberuf und Trading keine zu hohe Belastung** verursacht. Auf keinen Fall sollten Hobbys, das soziale Umfeld, Schlaf und Erholung sowie andere wichtige Bereiche des Lebens vernachlässigt werden. Nur bei funktionierender Work-Life-Balance holen Trader das maximale Potenzial aus ihren Aktivitäten heraus.

Falls die Arbeit und/oder das Trading zu viel Raum in Ihrem Leben einnehmen, kommt es zu Anzeichen von Stress. **Die Konzentration sinkt, die Fehleranfälligkeit steigt**. Bei chronischem Stress fällt es schwer, abzuschalten und sich zu erholen. Mit der Zeit merken Sie, dass die erhofften Erfolge ausbleiben oder dass Sie für die Erfolge zu viele Abstriche im Privatleben machen müssen. Die Folge dessen ist Unzufriedenheit, die sich z. B. zu Wut und Frustration weiterentwickelt.

Wann nehmen die Arbeit und/oder das Trading zu viel Raum im Leben ein? Diese Frage muss individuell beantwortet werden. Es reicht bereits aus, sich einmal jeden Abend hinzusetzen und in Ruhe darüber nachzudenken, ob man mit der Belastung aus Arbeit, Trading und Privatleben klarkommt. Sollte man merken, dass dies nicht der Fall ist, muss man entweder im Trading oder im Privatleben Abstriche machen, um mehr Zeit für das eine oder das andere zu gewinnen. Ständige Selbstreflexion ist also der Schlüssel zur Gestaltung einer individuell angemessenen Work-Life-Balance.

Überblick über die 8 größten emotionalen Hindernisse

Aus den 5 Beispielen, wie Emotionen das Trading beeinflussen, lässt sich herauslesen, dass **oftmals mehrere Emotionen gleichzeitig ursächlich für Fehler** sind. Um das erste Beispiel „Mangelhafte Analysen durch Überoptimismus“ aufzugreifen: Tatsächlich ist übertriebener Optimismus, der z. B. aus Euphorie über die bisherigen Erfolge resultiert, nicht die einzige Ursache für mangelhafte Analysen und höhere Risikobereitschaft. Auch Gier und Ungeduld spielen bei überoptimistischen Entscheidungen eine Rolle. Es sind also mehrere Emotionen beteiligt.

Die menschliche Psyche ist verwoben, wie sich durch die Beteiligung mehrerer Emotionen zeigt. In dem komplexen Konstrukt der menschlichen Psyche gibt es weniger die eine, sondern vielmehr viele Ursachen für eine Handlung. Im Folgenden wird auf die 8 Emotionen eingegangen, die die potenziell größten Hindernisse im Trading sind, damit Sie sich bezüglich dieser Emotionen regelmäßig hinterfragen.

Hindernis #1: Angst und Unsicherheit

Eine Grenze zwischen Angst und Unsicherheit zu ziehen, ist schwer. Wenn Sie den Kurs mitten im Aufwärtstrend unerwartet fallen sehen, überkommt Sie womöglich der Gedanke, schnell zu verkaufen und die Gewinne zu realisieren – ob dieser Gedanke der Angst oder Unsicherheit entspringt, ist fürs Erste unwichtig, denn die Folgen von Angst und Unsicherheit ähneln sich.

Eine zwischenzeitliche negative Kursentwicklung hat nichts darüber zu sagen, wie sich der Kurs weiterentwickeln wird. Die Entscheidung für oder gegen einen Kauf muss **im Einklang mit der Trading-Strategie** getroffen werden. Dies fällt vor allem Trading-Anfängern schwer.

Letztlich sind es die Dynamiken des Marktes, die unabsehbar sind und Personen an der Richtigkeit ihres Handelns zweifeln lassen. Wenn man zwischendurch Misserfolge einfährt, wachsen die Zweifel. Um Angst und Unsicherheit vorzubeugen, sollten bereits vor dem Beginn des Tradings die richtigen Voraussetzungen geschaffen werden.

Eine dieser Voraussetzungen ist, **nicht mehr Geld einzusetzen, als man theoretisch verlieren könnte**, ohne in eine finanzielle Schieflage zu geraten. Eine weitere Voraussetzung ist die **Definition einer klaren Trading-Strategie** mit einem Plan für alle Eventualitäten. Auf beide Voraussetzungen wird in den Techniken und Hinweisen zur Emotionskontrolle am Ende des Kapitels eingegangen.

Hindernis #2: Gier

Gier wird im Volksmund des Öfteren in positiven Zusammenhängen genannt. Wenn etwa der Trainer einer Fußballmannschaft die hervorragende Mentalität seines Teams beim Sieg loben möchte, spricht er eventuell davon, dass man „die Gier, zu gewinnen" sehen konnte. Tatsächlich kann Gier auch für den Trader vorteilhaft sein. **Gier beschreibt einen starken Willen**: Wenn eine Person wirklich und mit Nachdruck erfolgreich traden will, wird sie mit höherer Wahrscheinlichkeit …

- erfolgreich alle theoretischen Grundlagen des Tradings erlernen,
- auch nach Misserfolgen dranbleiben und sich nicht entmutigen lassen
- sowie bei Erfolgen nicht müde werden und ihre Gewinne vermehren wollen.

Natürlich kann der im letzten Stichpunkt erwähnte Aspekt, die Gewinne vermehren zu wollen, zu einer höheren Risikobereitschaft führen. Deswegen ist es zur Prävention der negativen Auswirkungen von Gier – z. B. erhöhte Risikobereitschaft und Überoptimismus – relevant, sich an die selbst festgelegten Regeln für sicheres Trading zu halten. Unter Kontrolle gebracht und von Regeln gesteuert ist Gier also förderlich. Ohne Kontrolle verleitet sie hingegen zu voreiligen und riskanten Entscheidungen.

Hindernis #3: Ungeduld

Ein möglicher Ursprung von Ungeduld ist Gier: Wenn man zu schnell zu viel erreichen möchte, ist man ungeduldig. Darüber hinaus kann Ungeduld aus der Erwartungshaltung des eigenen sozialen Umfelds resultieren. Wenn man z. B. mit anderen Personen über das Trading gesprochen hat, die Personen nun Ergebnisse sehen wollen und einen eventuell sogar aufziehen, wenn Erfolge ausbleiben, kann diese Situation Ungeduld aufkommen lassen.

Im Zusammenhang mit Ungeduld sind zwei Erkenntnisse wichtig: Hierzu gehört zum einen, dass **Trading ein schnelllebiges Geschäft** ist. Es gibt derart viele Wertpapiere, Kursverläufe und dynamische Entwicklungen, dass man **niemals lange warten muss, um einen potenziell lukrativen Trade zu finden**. Wenn Sie ausreichend theoretisches Know-how haben und in der Chartanalyse bewandert sind, werden Sie täglich mindestens 10 gute Trading-Gelegenheiten finden. Zum anderen ist wichtig, dass die eigene Gemütslage niemals durch Erwartungshaltungen von außen beeinflusst werden sollte: Jeder Trader mit nur ein bisschen Erfahrung weiß, dass man beim Trading Geduld braucht und große Gewinne nicht vom Himmel fallen. Die Erwartungen anderer Personen, die keine Ahnung vom Trading haben, sollten auf keinen Fall beachtet werden. So wird Ungeduld erfolgreich vorgebeugt.

Hindernis #4: Wut

Wut ist eine intensive Emotion. Sie kann der Auslöser großer Verluste sein. **Im Gegensatz zu Gier hat Wut kaum positive Effekte**, weswegen Wut streng vermieden werden sollte. Schon beim geringsten Anzeichen von Wut sollten Sie sich **aus Ihrem Depot ausloggen und eine Pause einlegen**. Sobald sich die Wut gelegt hat, ist es sinnvoll, mit einer gründlichen Chartanalyse zu beginnen und während der Analyse herauszufinden, was Sie diesmal besser machen sollten, um Misserfolge und Wut zu verhindern.

Doch selbst bei den genauesten Analysen wird es des Öfteren zu Verlusten kommen, denn Trading ist ein unvorhersehbares Geschäft. Hilfreich ist es daher, **sich nicht auf die einzelnen Verluste zu fokussieren, sondern immer die Gesamtbilanz** (z. B. die Monatsstatistik) vor Augen zu haben. Wenn Sie Ihre Gesamtperformance bewerten, werden Sie vielen negativen Emotionen gut vorbeugen.

Falls sich die Misserfolge und Verluste häufen, ist es die einzig richtige Entscheidung, mit dem Trading für längere Zeit zu pausieren. In dieser Zeit analysieren Sie am besten die eigenen Fehler ausgiebig und detailliert. Zudem sollten Sie das eigene Wissen erweitern und mit Demo-Depots trainieren. Wenn Sie in den Übungsportfolios Gewinne erzielen, können Sie schrittweise wieder in das Trading mit Echtgeld einsteigen.

Hindernis #5: Anhänglichkeit

Können Wertpapiere dem Trader gegenüber ein Gefühl von Verbundenheit und Treue empfinden? Nein. Deswegen sollten auch Sie kein solches Gefühl entwickeln. Trotzdem zeigt sich bei Beobachtungen immer wieder, dass **Trader aus Sentimentalität an Wertpapieren festhalten**, weil z. B. die Wertpapiere ihnen bisher große Gewinne beschert haben oder sie das Unternehmen mögen. Der Gedanke dahinter ist womöglich: „Wieso sollte ein Wertpapier an Wert verlieren, obwohl es doch die ganze Zeit im Aufwind war? Es hat mir Gewinne beschert und wird das sicher weiterhin tun." Nach diesem Prinzip funktioniert Daytrading allerdings nicht.

Bei der langfristigen Geldanlage gestaltet sich die Sachlage anders: Da sich die Wirtschaft und Unternehmen langfristig positiv entwickeln, ist es bei Geldanlagen sinnvoll, auch in Schwächephasen an einem Wertpapier festzuhalten. Oftmals – Genaueres hängt von den Ergebnissen der Fundamentalanalyse und der gesamten volkswirtschaftlichen Situation sowie der Marktstimmung ab – empfiehlt es sich in Zeiten sinkender Kurse, bei langfristigen Geldanlagen Wertpapiere dazuzukaufen.

Im Trading sind die Konditionen wie folgt: **Trader wählen gezielt Wertpapiere mit stärkeren Kursschwankungen und handeln kurzfristig**. Integraler Bestandteil von Strategien in volatilen Märkten und Phasen ist der Kauf und Verkauf von Wertpapieren nach einem festen Schema. Dieses **Schema mit klar definierten Kauf- und Verkaufszeitpunkten darf nicht von Sentimentalitäten durchbrochen werden**. Ein Wertpapier fühlt keine Verbundenheit und Treue, der Trader darf dies ebenfalls nicht.

Hindernis #6: Besserwisserei

Besserwisserei ist ein negativ behaftetes Wort. In diesem Abschnitt steht es für die Geisteshaltung, wenn Trader meinen, sie wüssten mehr, als der Markt es tut. Ein gutes Beispiel hierfür ist die sogenannte „Sunk Cost Fallacy" (deutsch: „Versunkene-Kosten-Falle"). Betroffene Trader halten an Wertpapieren fest, obwohl Verluste eingetreten sind und alle Indikatoren dafür sprechen, die Wertpapiere zu verkaufen.

Bei der soeben beschriebenen Anhänglichkeit entscheiden sich Trader gegen den Verkauf von Wertpapieren, weil sie diesen gegenüber eine Verbundenheit fühlen. Im Falle der **Sunk Cost Fallacy** sind die Hintergründe anders. Beispielsweise könnte der Trader eine gründliche Chartanalyse durchgeführt und geduldig auf den Eintritt des Kaufzeitpunktes gewartet haben. Doch trotz gründlicher und womöglich sogar makelloser Arbeit beginnt der Kurs unmittelbar nach dem Kauf wieder zu fallen. Der Trader hält an dem Wertpapier fest, denn er **kann sich nicht vorstellen, dass er bei der Analyse etwas falsch gemacht hat**. In Erwartung dessen, dass die erwartete positive Kursentwicklung doch noch eintritt, ändert er an seinem Trade nichts. In einem solchen Handeln zeigt sich pure Arroganz.

Trader müssen akzeptieren, dass es **keine Garantie für die Bestätigung der erwarteten Chartformation oder Kursentwicklung** gibt. Folglich ist das Risiko von Verlusten ebenso omnipräsent wie die Chance auf Gewinne. Womit Trader letztlich ihre Gewinne einfahren, ist die Menge der Trades: Wer die Launen des Marktes und den Eintritt von Verlusten als natürlichen Bestandteil der

Arbeit versteht, wird verlorene Positionen schnell schließen und sich den nächsten Trades widmen. Auf lange Sicht kommen bei fleißiger und gründlicher Arbeit Gewinne zustande.

Ein weiterer Fall, in dem sich Besserwisserei zeigt, ist das **Bestreben, generell immer gegen den Markt zu traden**. Hierbei entscheidet sich der Trader, obwohl es alle Experten anders empfehlen und auch die generelle Marktstimmung anders ist, für den Kauf eines Wertpapiers mit negativer Kursentwicklung. Hierhinter verbirgt sich eventuell die Hoffnung auf eine Trendumkehr; wird diese richtig getimt, dann sind die Chancen auf eine hohe Gewinnmitnahme groß. Allerdings bleibt diese Trendumkehr des Öfteren aus.

Manchmal liegt das Bestreben darin, gegen den Markt zu traden, im eigenen Charakter. Wer häufig von anderen Personen enttäuscht oder verspottet wurde und dies nicht verarbeitet hat, könnte dazu neigen, sich im Trading gegen die anderen Personen zu positionieren und es ihnen zu zeigen: „Ha, ich habe es doch drauf!" Dieses Beispiel zeigt, welche komplexen psychologischen Faktoren manchmal im Trading zutage treten. Sollten Sie sich an die klaren Regeln am Ende des Kapitels halten, werden Sie sich von anderen Personen und dem bisher im Leben Geschehenen nicht zu sehr beeinflussen lassen und ganz sachlich Ihren Job als Trader machen.

Hindernis #7: Leichtgläubigkeit

Trading ist kein Hexenwerk, es ist jedoch ebenso kein Selbstläufer. Insbesondere die Trading-Anfänger neigen zu leichtfertigen Kaufentscheidungen. Sie **interpretieren Chartformationen und Chartmuster dort hinein, wo es keine gibt**. Folglich sind sie nicht kritisch genug und tätigen vorzeitig Käufe, die sich im Nachhinein als falsch erweisen.

Leichtgläubigkeit kann so weit führen, dass **bestimmte Prognosen von Experten voreilig als gesichert bewertet werden**, ohne diese zunächst kritisch zu hinterfragen. Zu diesem Thema sollte gesagt werden, dass insbesondere auf Webseiten viele Prognosen nicht von Experten selbst verfasst sind, sondern zu geringen Beträgen von wenig professionellen Autoren gekauft wurden. Die Webtexte dienen allein dem Ziel, Leser für Online-Blogs anzuziehen und dadurch eigene Ziele (z. B. höherer Website-Traffic, mehr Anmeldungen für Newsletter) zu erreichen.

Leichtgläubigkeit ist nicht zuletzt deswegen gefährlich, weil es **Chartformationen mit Verwechslungsgefahr** gibt. Die Keilformation und das steigende sowie fallende Dreieck ähneln sich. Da Formationen in echten Charts schwerer ersichtlich sind als in Übungscharts, sollten Sie sich der Ähnlichkeit verschiedener Formationen bewusst sein und jede Chartanalyse kritisch hinterfragen. Es reicht also für eine Trading-Entscheidung nicht aus, eine Formation zu vermuten, sondern es ist erforderlich, sich **bestmöglich abzusichern, dass es sich tatsächlich um die vermutete Formation handelt**.

Hindernis #8: Euphorie

Schon in der Fahrschule bekommt man beigebracht, dass nicht nur negative Emotionen wie Wut und Angst zu Unfällen führen können, sondern auch positive Emotionen wie Glückseligkeit. Je stärker Emotionen sind, umso weniger kann sich der Mensch auf das Wesentliche konzentrieren. Euphorie ist eine immens starke positive Emotion. Auch wenn man einen Tag hat, an dem einem von morgens bis abends alles gelingt, gibt es kein Monopol auf Glück: Schon bei der nächsten Handlung kann das Glück ausbleiben.

9 Techniken und Hinweise zur Emotionskontrolle

Welche Emotionen das Trading beeinflussen und auf welche Weise sie dies tun, wurde in den letzten Abschnitten thematisiert. Somit dürften Sie sich der Dringlichkeit der Emotionskontrolle bewusst sein: Wer Emotionen nicht kontrolliert, riskiert sowohl in Phasen des Misserfolgs als auch in Phasen des Erfolgs, Fehler zu machen. Diese Fehler münden meist in Verlusten.

Im Folgenden wird daher auf Techniken und Hinweise zur Emotionskontrolle eingegangen. **Viele der Techniken und Hinweise werden in den Folgekapiteln aufgegriffen** und noch näher ausgeführt, da sie von generell großer Bedeutung für erfolgreiches Trading und differenzierte Trading-Entscheidungen sind.

#1: Trading-Strategie festlegen und konsequent umsetzen

Eine Trading-Strategie ist ein **systematischer Plan, nach dem getradet wird**. In der Strategie ist die Vorgehensweise formuliert, wie man seine Trading-Entscheidungen trifft und die Trades vom Kauf bis zum Verkauf abwickelt. Wie die Direktbank *Consorsbank* in ihrem Ratgeber schreibt, lassen sich durch eine Strategie „die eigenen Emotionen besser kontrollieren. […] Eine Orientierung an konkreten Kriterien mit Hilfe einer Handelsstrategie kann dabei helfen, die Emotionen in den Griff zu bekommen.“ (Huchzermeier, 2023)

Abgesehen von der Emotionskontrolle sind Trading-Strategien für den generellen Erfolg im Trading wichtig. Wer keine Strategie verfolgt, kann sein Handeln schwer auf die angestrebten Ziele abstimmen. Zudem besteht ohne Strategie das Risiko dafür, Analysetechniken querbeet auszuprobieren und nicht konsequent die Anwendung bestimmter Techniken zu üben. Daher gilt: **Zunächst am Demo-Depot Strategien und Analysetechniken ausprobieren**, sich dann auf Basis der Erfahrungen im Demo-Depot für eine feste Trading-Strategie entscheiden und diese **schließlich im Echtgeld-Depot konsequent anwenden**.

Die Entwicklung einer Trading-Strategie setzt voraus, dass man sich ein Ziel setzt; auf die Zielformulierung wird im dritten Kapitel genauestens eingegangen. Grob formuliert ist das primäre Ziel beim Trading die Gewinnerzielung. Dieses unkonkrete Ziel hilft jedoch wenig bei der Ausarbeitung einer Strategie. Ein gutes Ziel für Anfänger ist beispielsweise, zunächst kleine Gewinne aus dem Trading mitzunehmen:

- Für kleine Gewinne reichen bereits Budgets von etwa 50 Euro aus.
- Durch das geringe Verlustrisiko ist in der Regel keine Verlustangst im Spiel. Dank der kleinen Gewinne tanken Trading-Anfänger Selbstvertrauen.
- Eine Strategie, bei der der Fokus auf der Erzielung geringer Gewinne liegt, ist das Scalping.

- Im Scalping gehen Trader Positionen für wenige Minuten oder Sekunden ein. Sie nutzen kleinere Chartmuster und nicht die großen Chartformationen, um Analysen durchzuführen und auf dieser Basis Trading-Entscheidungen zu fällen.
- Scalping ist äußerst zeitaufwendig, da man in einer hohen Frequenz tradet. Dies ist für Beginner von Vorteil, da sie durch die häufigen Trades die Mechanismen des Marktes und außerdem die Funktionen ihres Online-Brokers besser kennenlernen.

Jeden Tag durch mehrere kleine Trades 3 bis 5 Euro zu gewinnen, wäre ein mögliches Ziel, das mithilfe der Scalping-Strategie gut erreicht werden kann. Anfänger profitieren davon, dass sie viel analysieren müssen und dadurch üben können, ständig neue Trading-Möglichkeiten zu identifizieren.

Um eine eigene Trading-Strategie und einen individuellen Plan fürs Trading festzulegen, sollten Sie sich **selbstständig über die verschiedenen Strategien informieren**; als Hilfe hierzu finden Sie Empfehlungen mit weiterführender Literatur am Ende dieses Ratgebers. Neben dem Scalping existieren u. a. das Swing-Trading, der Trendfolge-Ansatz, die CCI-Strategie, MACD und bedeutende Kumulationspunkte – allesamt Vorlagen, Techniken, Methoden und Strategien, die Sie bei der Entwicklung einer eigenen Strategie und eines eigenen Trading-Plans unterstützen.

Ein ganzheitlicher Trading-Plan sollte außerdem die sogenannten **Money-Management-Parameter** enthalten. Hierbei handelt es sich um klar definierte Aspekte, die bei der Verwaltung des Budgets und dem Treffen von Kauf-, Halte- und Verkaufsentscheidungen helfen. Die HSBC führt in einem PDF über *Tradingstrategien mit Hebelprodukten* (hsbc-zertifikate.de, 2016) u. a. die folgenden Kriterien als Bestandteile eines Money-Management-Plans auf:

- Zeitpunkt des Einstiegs in einen Trade
- Zeitpunkt des Ausstiegs aus einem Trade
- Setzen von Stop-Marken

Auf das Setzen von Stop-Marken wird in dem Abschnitt *#2: Limits für den Verkauf definieren und einhalten* eingegangen. Was den Zeitpunkt des Einstiegs und Ausstiegs anbelangt: In jeder Analysetechnik für Charts sind die empfohlenen Kaufsignale und Verkaufssignale enthalten. Wer sich über die Chartanalyse informiert, wird somit auch bei der Festlegung von Einstiegs- und Ausstiegszeitpunkten keine Probleme haben. Die HSBC gibt in dem erwähnten PDF folgende Hinweise zur Festlegung eines Money-Management-Plans:

- „Definieren Sie, wie viel Sie zu jeder Zeit des Tradings bereit sind, zu verlieren.
- Legen Sie einen Höchstbetrag fest, den Sie pro Trade riskieren möchten, unabhängig vom Markt.
- Ermitteln Sie, welchen Teil Ihres Kapitals Sie riskieren möchten.
- Bestimmen Sie, wie viel Sie insgesamt bei Ihren Positionen riskieren möchten.
- Legen Sie fest, dass Sie bei einem Verlust einer bestimmten Summe X innerhalb eines Tages, einer Woche oder eines beliebigen anderen Zeitraums aus all Ihren Positionen aus-

steigen – oder zumindest aus den Positionen, die nicht funktionieren.

- Behalten Sie ständig Ihr Risiko im Auge und passen Sie es bei Bedarf an. Das Risiko ändert sich – ebenso wie der Markt – andauernd. Man sollte sich darüber im Klaren sein und sein Trading entsprechend modifizieren."

Wer sich in seiner Trading-Strategie für Methoden entscheidet, die die individuelle Zielerreichung fördern, ist klar im Vorteil und wird am ehesten diszipliniert am Trading dranbleiben. Durch die zusätzliche scharfe Definition von Money-Management-Parametern gelingt es außerdem besser, die eigenen Emotionen unter Kontrolle zu halten, da man sich im klaren Rahmen der Trading-Strategie und der Parameter bewegen muss.

Auf einen speziellen Aspekt der Money-Management-Parameter wird im nächsten Hinweis separat eingegangen, denn dieser hat im Trading einen besonders hohen Stellenwert und Online-Broker stellen entsprechende Funktionen zum Management dieses Parameters bereit. Es handelt sich um die Stop-Loss-Limits.

#2: Limits für den Verkauf definieren und einhalten

Der Gefahr, zu lange an einem Wertpapier mit negativer Kursentwicklung festzuhalten, beugt man durch klar definierte Stop-Loss-Limits vor. In den Online-Depots ist es sogar möglich, Stop-Loss-Orders einzustellen. Sobald das Limit erreicht ist, wird **bei einer Stop-Loss-Order automatisiert ein Verkaufsauftrag erteilt**.

Ein Stop-Loss-Limit ist ein Kurswert, ab dem ein Wertpapier verkauft wird, um keine weiteren Verluste zu machen. Wenn beispielsweise eine Aktie zu einem Wert von 300 Euro erworben wurde und man maximal einen Verlust von 30 Euro riskieren möchte, würde das Stop-Loss-Limit auf 270 Euro gesetzt, also auf einen Verlust von maximal 10 Prozent.

Bei Online-Brokern können entsprechende Stop-Loss-Orders erteilt werden. Dies ist vor allem für die Trader hilfreich, die sich nicht zutrauen, sich an ihre selbst definierten Stop-Loss-Limits zu halten. Durch die automatisiert ausgeführten Stop-Loss-Orders steigt die Wahrscheinlichkeit, dass kleinere Verluste in Kauf genommen werden und man durch das Festhalten am Wertpapier nicht noch größere Verluste riskiert.

Üblich sind in der Praxis Stop-Marken von 2 bis 8 % unterhalb des Kaufpreises. Falls die Wertpapiere, die man traden möchte, eine generell höhere Volatilität aufweisen, sind Stop-Marken von bis zu 15 % sinnvoll. Bei hoher Volatilität und niedrigen Stop-Marken sollte man sich jedoch des größeren Risikos bewusst sein und bereits über Vorerfahrungen im Trading verfügen.

Eine Besonderheit ist bei einigen Depot-Anbietern der **Trailing Stop**. Die *comdirect* beispielsweise bietet mit dem Trailing Stop die Option, das **Stop-Loss-Limit dynamisch an die Kurssteigerung anzupassen**. Sollte sich der Kurs auf einem höheren Niveau stabilisieren, so wird das prozentuale Stop-Loss-Limit an das höhere Kursniveau angepasst.

Der **Trailing Stop bietet eine effektivere Gewinnabsicherung**. Anstatt das Risiko einzugehen, dass Wertpapiere nach starkem Kursanstieg wieder stark fallen und auf ein niedrigeres Niveau als beim Kauf sinken, wird durch die dynamisch angepasste Stop-Marke frühzeitig ein Verkauf durchgeführt, um Gewinne zu realisieren. Somit hilft der Trailing Stop dabei, nicht allzu lange an einem ehemals profitablen Wertpapier festzuhalten und auf einen erneuten Kursanstieg zu hoffen, obwohl die Kurse stetig im Fallen sind und keine Besserung absehbar ist.

#3: Regelmäßig Pausen einlegen

Ein offensichtlicher Vorteil von Pausen ist die Abwesenheit vom Bildschirm. Wer gerade keinen Zugriff auf sein Depot hat, kann keine emotional gesteuerten Entscheidungen treffen. Während der Pausen sollten Trader **ihr Büro oder Arbeitszimmer verlassen und das Smartphone nicht nutzen**. In welchen Fällen man Pausen machen sollte:

- Pausen sind ein wichtiger regulärer Bestandteil des Alltags. **Im gesamten Tagesablauf sollten Pausen integriert sein**, um in Ruhe zu essen, sich zu entspannen und nachdenken zu können. Die Menge an Pausen sollte dem individuellen Bedarf entsprechen.
- Wer mehrere Stunden täglich ins Trading investiert, sollte zwischendurch **während der Trading-Sitzungen immer wieder kürzere Pausen** machen. Eine sinnvolle Regel ist z. B., 30 Minuten zu traden und 5 Minuten zu pausieren. Diese Regel dürfen Sie flexibel auslegen: Wenn Sie gerade im Flow sind und es gut läuft, können Sie die Pause verschieben.

- Immer dann, wenn Sie spüren, dass Sie sehr emotional sind und deswegen oder aus anderen Gründen **nicht rational denken können, ist eine Pause dringend empfohlen**. Falls Sie generell einen schlechten Tag haben, empfiehlt es sich, an diesem Tag gar nicht erst zu traden.

Die Gestaltung der Pausen ist im Hinblick auf deren Wirksamkeit wichtig. Wer während der gesamten Dauer der Pause ungeduldig an das Ende der Pause und die Rückkehr an den Bildschirm denkt, wird die Pause nicht als solche empfinden, weil er sich Stress aussetzt.

Wenn es einem Trader gelingt, zu Beginn der Pause auf Knopfdruck abzuschalten und z. B. über etwas Angenehmes nachzudenken, reicht das bereits aus. Falls das Abschalten schwerfällt, ist körperliche Bewegung quasi ein „Allheilmittel“: Durch Gymnastik, Eigengewichtsübungen, Jogging und andere Arten von körperlicher Betätigung lenkt man sich ab und baut Stresshormone ab. Man kann sich auch einen Boxsack in eines seiner Zimmer oder in den Keller hängen und sich dort 5 bis 10 Minuten lang austoben.

Schon gewusst?

John Coates, ein Neurowissenschaftler und früherer Cheftrader der Deutschen Bank in New York, untersuchte in mehreren Studien die Auswirkung der Volatilität und der negativen Kursentwicklungen auf Trader. Dabei stellte er fest, dass Trader dem Problem unterliegen, dass sie weitestgehend bewegungslos vor den Bildschirmen sitzen und dadurch keine Möglichkeiten haben, Stresshormone wie Adrenalin und Cortisol effektiv abzubauen. Somit ist jede stark negative Entwicklung an der Wertpapierbörse für Trader gewissermaßen ein „Cortisolschock".

Trader bringen aufgrund ihrer an Bewegung armen Tätigkeit schlechte Voraussetzungen zum Stressabbau mit. Stress wird nicht selten von negativen Emotionen wie Wut, Ungeduld und Angst begleitet. Durch regelmäßige Pausen mit körperlichen Aktivitäten werden gute Voraussetzungen dafür geschaffen, sich von seinen Emotionen zu distanzieren und die Ausschüttung von Stress- und Angsthormonen zu reduzieren.

#4: Konsequenzen einschätzen und vergegenwärtigen

Zuerst denken, dann handeln. Auch wenn dieses Prinzip allgemein bekannt ist, wird es von Tradern nur mangelhaft angewandt. Vor allem unter starkem emotionalem Einfluss steigt das Risiko für mangelnde Konzentration und Geduld. In diesem Fall werden Gedankengänge nicht vollständig finalisiert und Entscheidungen voreilig getroffen.

Wenn Sie gerade **wütend oder ungeduldig** sind, sollten Sie bewusst innehalten und ein Blatt Papier holen, um sich die **Konsequenzen Ihres Handelns schriftlich zu vergegenwärtigen**. Auf dem Blatt Papier schreiben Sie die Konsequenzen auf, die eintreten, wenn Sie eine falsche Entscheidung treffen. Dies lässt sich in etwa wie folgt umsetzen:

- Sie haben nach einem verlustreichen Trade gerade noch 40 Euro im Depot. Nun merken Sie, wie wütend Sie sind.
- Anstatt im nächsten Trade voll ins Risiko zu gehen, um den Verlust möglichst schnell auszugleichen, gehen Sie zunächst nach draußen und machen 5 Minuten Pause.
- Nach der Pause nehmen Sie ein Blatt Papier zur Hand. Sie schreiben die Konsequenzen dessen auf, was passiert, wenn Sie die 40 Euro unter vollem Risiko für einen leichtsinnigen Trade verlieren.
- Erste Konsequenz ist der Verlust. Sie müssen nach dem Verlust neues Geld ins Depot einzahlen. Schlimmstenfalls riskieren Sie dieses Geld ebenfalls leichtsinnig, was anzunehmen ist, da Sie unter emotionalem Einfluss handeln.
- Nach dem Verlust des neuen Geldes sind Sie entweder noch wütender und lassen das Trading fürs Erste sein. Oder aber Sie zahlen erneut ein.
- So oder so wird bereits jetzt deutlich: Infolge eines leichtsinnigen Verlustes der verbleibenden 40 Euro nehmen die negativen Emotionen und schlimmstenfalls die Verluste weiter zu. Es droht eine gefährliche Negativspirale.
- Das finanzielle Endergebnis dieser Spirale ist, dass Sie mehr Geld verlieren, als Sie geplant haben, und vielleicht sogar mehr Geld, als Sie es sich erlauben können.
- Zudem werden Sie am Ende keine Lernerfolge erzielt haben, da Sie weder Ihre Emotionen kontrollieren konnten noch sinnvolle Trading-Entscheidungen getroffen haben.

Sie können diese negativen Konsequenzen in Gedanken durchspielen, wenn Sie auf ein Blatt Papier und das Schreiben verzichten möchten. Allerdings ist der Effekt der Übung auf dem Papier wesentlich besser. Geschriebenes verarbeitet das Gehirn nämlich genauer, da es einige Zeit dauert, alles aufzuschreiben, und Sie sich währenddessen geistig damit beschäftigen. Ein weiterer Vorteil ist, dass Sie sich durch das Schreiben beruhigen, wenn Sie emotional aufgewühlt sind.

Tipp!

Führen Sie diese Übung, in der Sie die Konsequenzen Ihres Handelns aufschreiben, nicht nur bei negativen Emotionen durch. Auch bei starken positiven Emotionen ist der Einsatz dieser Übung sinnvoll, um übermütige und überoptimistische Entscheidungen zu verhindern. Es bietet sich außerdem an, bei den Konsequenzen einen leicht pessimistischen Blickwinkel einzunehmen, denn unter dem Einfluss negativer Emotionen ist nicht davon auszugehen, dass das Ergebnis Ihrer Entscheidungen positiv ausfallen wird.

#5: Reframing für einen guten Umgang mit Verlusten

Reframing ist eine Technik aus dem Neurolinguistischen Programmieren (NLP). Das NLP ist eine weltweit bekannte Sammlung an Methoden zur **Programmierung der eigenen Denk- und Verhaltensweisen**. Mittels Reframing können Sie u. a. Ihren psychischen Umgang mit Verlusten und Misserfolgen optimieren. Hierzu wird der Verlust in einen neuen Rahmen gesetzt, in dem er nicht mehr in einem negativen Licht steht.

Die Umsetzung des Reframings verlangt zunächst eine ruhige Umgebung und eine möglichst klare geistige Verfassung. Falls Sie gerade von Menschen umgeben an einem lauten Ort sind oder vor Wut kochen, sollten Sie sich zunächst an einen ruhigen Platz begeben und sich beruhigen. Nun folgt der eigentliche Teil des Reframings, bei dem Sie versuchen, den **Verlust oder die Emotionen rund um den Verlust in einen neuen Rahmen zu setzen**. Folgende Fragestellungen sind hierbei hilfreich:

- Welche positiven Aspekte lassen sich den Emotionen abgewinnen?
- Welche Lehren kann ich aus dem Verlust ziehen?
- Inwiefern kann mir der Verlust bei meinem künftigen Trading helfen?

Aus den Erkenntnissen des Reframings können positive Glaubenssätze abgeleitet werden, die dauerhaft zu mehr Erfolg und Resilienz beim Trading beitragen. Auf Glaubenssätze als Technik zur Emotionskontrolle wird im nächsten Abschnitt *#6: Affirmationen formulieren und kontinuierlich nutzen* näher eingegangen. Allgemein **fördert das Reframing die Einnahme alternativer Blickwinkel und eine differenzierte Sichtweise** auf verschiedene Themen sowie Erlebnisse.

In den letzten Abschnitten lag der Fokus oft auf dem Umgang mit Verlusten. Dies liegt daran, dass die Emotionskontrolle bei Verlusten eine der größten Herausforderungen im Trading ist. Das Reframing kann allerdings auch über den Umgang mit Verlusten hinaus nützlich sein. Beispielsweise **hilft es dabei, sich mit Beinahe-Verlusten differenziert zu befassen**.

Beispiel

Hin und wieder kommt es vor, dass Trader einen Fehler in der Analyse begehen und diesen erst bemerken, nachdem sie eine Order erteilt haben. Oder aber Trader sind leichtfertig in der Analyse und gehen bei ihren Trades ein höheres Risiko ein, als es üblich ist. Daraufhin beobachten sie den Kursverlauf, stellen zunächst eine negative Entwicklung fest, aber dürfen dann doch noch erleichtert aufatmen, da der Kurs wieder an Wert gewinnt und sie einen kleinen Gewinn mitnehmen: „Puh, nochmal Glück gehabt!"

Die Gefahr hinter Erfahrungen wie in dem Beispiel ist, diese nicht zu reflektieren, obwohl es eine Menge zu reflektieren gibt: Man hat eine fehlerhafte Entscheidung getroffen und ist negativen Konsequenzen mit Glück entkommen. Durch eine korrekte Anwendung des Reframings werden die **positiven Glücksgefühle durch mahnende Worte ersetzt**:

- Der Beinahe-Verlust zeigt mir, dass ich zukünftig eine gründlichere Analyse durchführen muss.
- Während der zwischendurch negativen Entwicklung des Kurswerts habe ich mir Vorwürfe gemacht und war wütend, dass ich meine Order voreilig aufgegeben habe. Diese Wut soll mir als Mahnmal für künftige Trades dienen.
- Den Gewinn, den ich durch pures Glück erzielt habe, werde ich besonders vorsichtig verwenden, um wieder mehr Respekt und Achtung für mein Budget zu entwickeln.

#6: Affirmationen formulieren und kontinuierlich nutzen

Affirmationen sind **positive Glaubenssätze**. Wenn Sie Affirmationen mehrmals wiederholen, speichern sich diese zunehmend in Ihrem Unterbewusstsein ab. Für die Wirksamkeit von Affirmationen ist deren **positive und realistische Formulierung wichtig**: Wer sich beispielsweise sagt, er werde „nicht wieder die Kontrolle verlieren", wird keinen positiven Effekt erlangen, denn durch die Negation „nicht" verarbeitet das Unterbewusstsein die Botschaft kaum. Ebenso sind übertriebene Affirmationen, wie etwa „Ich verzehnfache heute meinen Kontostand", nicht hilfreich.

Vor der Formulierung von Affirmationen ist es sinnvoll, sich seine eigenen Schwächen ins Gedächtnis zu rufen. Wer sich seiner Schwächen bewusst ist, kann **den Schwächen entgegengesetzte Affirmationen formulieren**. Gute Beispiele für Affirmationen sind:

- Ich bin geduldig und warte darauf, dass sich die von mir vermuteten Kaufsignale im Chart bestätigen.
- Sobald ich erkenne, dass sich meine Vermutungen aus Analysen im Chart zeigen, treffe ich Trading-Entscheidungen entschlossen und zuversichtlich.
- Ich beherrsche meine Emotionen und begrenze meine Verluste nach den von mir festgelegten Regeln.
- Ich bin ein erfolgreicher Trader, denn auf die Woche gerechnet verzeichne ich immer einen Gewinn.
- Ich messe einzelnen Verlusten keine Bedeutung bei, denn meine Bilanz ziehe ich immer wöchentlich.

Sprechen Sie Ihre positiv formulierten Affirmationen mehrmals täglich laut aus. Hierfür können Sie sich beispielsweise vor einen Spiegel stellen und sich dabei selbst in die Augen sehen. Die mehrmalige laute Aussprache der Affirmationen steigert deren Wirkung. Je mehr die Affirmationen in Ihr Unterbewusstsein übergehen, umso wahrscheinlicher ist es, dass Sie sich an diese erinnern, wenn Sie mal in einer emotional fordernden Situation sind. Durch den Gedanken an die Affirmationen überstehen Sie herausfordernde Situationen besser.

Übung

Es ist nun an der Zeit, die erste Übung durchzuführen. Denken Sie sich drei Affirmationen aus, die Ihnen entweder generell guttun oder die gezielt gegen Ihre Schwächen ausgerichtet sind. Versuchen Sie passend zu diesem Kapitel Affirmationen zu formulieren, die die Emotionskontrolle fördern.

#7: Trading-Journal führen und regelmäßig auswerten

Der erfolgreiche Trader Mario Lüddemann stellt in einem Blogbeitrag auf seiner Website die Behauptung auf, dass die **profitabelsten Trader mit einem Trading-Journal (deutsch: „Trading-Tagebuch") arbeiten** (Lüddemann, 2024). Diese Einschätzung ist nicht fern von der Realität, denn tatsächlich dokumentiert ein Großteil der erfolgreichsten Trader seine Trades in einem Buch. Es handelt sich hierbei aber um kein klassisches Tagebuch.

- Zunächst einmal werden in einem Trading-Journal **alle Trades eingetragen**. Hierbei sind alle relevanten Daten zum Trade (Zeitpunkt des Einstiegs und Ausstiegs, Betrag, Entwicklung des Kurses etc.) aufzuschreiben.
- Weitere wichtige Angaben im Tagebuch sind **individuelle Einstellungen im Depot**. Falls bei einigen Trades eine automatische Stop-Loss-Order eingetragen ist und bei anderen Trades nicht, kann man später den Nutzen beider Varianten vergleichen und entscheiden, ob es für einen selbst besser ist, mit automatischen Stop-Loss-Orders zu arbeiten oder nicht.
- Im Hinblick auf die Emotionskontrolle ist es empfehlenswert, seine **Emotionen vor und nach den Trades im Tagebuch zu dokumentieren**. Wer seine Gefühle bei jedem Trade detailliert beschreibt, kann diese im Anschluss analysieren und evaluieren, wie sich diese auf verschiedene Trades auswirken.
- Im Trading-Journal sollten außerdem weitere Anmerkungen festgehalten werden, die im Zusammenhang mit den Trades wichtig erscheinen. Dies können z. B. Vermutungen zur Wirkung des Umfelds auf das eigene Trading-Verhalten oder Thesen über die aktuelle Marktstimmung an der Wertpapierbörse sein.

Machen Sie das Führen des Trading-Journals zu einem Ritual und schreiben Sie es konsequent an jedem Tag, an dem Sie traden. Durch die schriftliche Dokumentation der Trades und aller relevanter Einflussfaktoren erkennen Sie manchmal Zusammenhänge, die Ihnen ansonsten verborgen bleiben würden.

Beispiel

Wenn Ihnen auffällt, dass Sie jeden Donnerstag beim Trading signifikante Verluste erleiden, könnten Sie die Gründe dafür herausfinden. Eventuell könnten Sie merken, dass Sie donnerstags durch die Arbeit, familiäre Verpflichtungen und das wöchentliche Fußballtraining einen derart vollen Tagesablauf haben, dass Sie zu erschöpft sind, um an diesem Tag konzentriert zu traden.

Abgesehen von diesem eindeutigen Beispiel gibt es oft weniger klare Sachverhalte, in denen die Ursachen für schlechte Leistungen beim Trading tiefgründiger sind. Das Trading-Journal hilft durch die Dokumentation des Trading-Verhaltens, der Emotionen an den Trading-Tagen und weiterer Aspekte dabei, **sogar die am tiefsten verborgenen Ursachen für schlechte Leistungen herauszufinden** und Verbesserungsmaßnahmen zu ergreifen. So werden emotional gesteuerte Entscheidungen und Handlungen mit höherer Wahrscheinlichkeit vermieden.

#8: Ein förderliches Umfeld schaffen

Das Umfeld eines Menschen übt starken Einfluss auf seine Psyche, seine Denkweisen und Handlungen aus. Ein Umfeld, das im Kontrast zu Ihren Zielen und Träumen steht, wird eventuell kein Verständnis dafür haben, dass Sie sich neuerdings fürs Trading interessieren und damit Geld verdienen möchten.

Mit Blick auf das Trading gibt es ein spezielles Problem: **Trading gilt in einem großen Teil der deutschen Bevölkerung nach wie vor als riskante Art, Geld zu verdienen**. Diese weitverbreitete Ansicht schlägt sich z. B. in dem geringen Anteil an Aktionären in Deutschland nieder. Skeptische Personen haben durch die spekulative Natur des Tradings und den geringen Bevölkerungsanteil mit Wertpapierbesitz zwei Argumente, die in ihren Augen eindeutig gegen das Trading sprechen. Je häufiger das Umfeld einem Trader diese Argumente nennt, desto mehr könnte es die Angst und Unsicherheit des Traders an der Wertpapierbörse steigern.

Neben der unter Umständen pauschal negativen Haltung zum Trading gibt es ein weiteres potenzielles Problem, das im Umfeld des Traders auftreten kann: die **Abneigung gegenüber Neuem**. Viele Menschen sind es immer noch – trotz der weitreichenden Änderungen der Berufswelt durch die Digitalisierung – gewohnt, eine Ausbildung oder ein Studium zu absolvieren und den Rest des Lebens in diesem Beruf zu verweilen. Wenn nun jemand den Plan hat, sich nebenberuflich eine eigene und flexible Existenz als Trader aufzubauen, kommt bei diesen Personen wahrscheinlich Skepsis auf.

Ein Plan, sich in einem Bereich ein Standbein aufzubauen, der regelmäßig in den sozialen Medien von unseriösen Personen mit dem Versprechen vom schnellen Geld beworben wird, klingt für viele surreal. Doch diese Sichtweise gilt nur für Personen, die sich nicht genauer über das Trading informieren.

Wie geht man nun mit einem Umfeld um, das einen in dem Vorhaben, mit Trading Geld zu verdienen, nicht bestärkt? Die erste wichtige Erkenntnis ist, dass man nicht immer in seinen neuen Vorhaben bestärkt werden muss. **Wenn man sich mit dem Umfeld über andere Dinge unterhalten kann, ist nach wie vor alles in Ordnung**. Problematisch wird es, wenn Personen aus dem eigenen Umfeld Sie häufig auf das Trading ansprechen und nur negative Aussagen von sich geben. In diesem Fall sollten Sie den Personen klar und deutlich mitteilen, dass Sie es sich nicht wünschen, jedes Mal aufs Neue Warnungen und pessimistische Inhalte hören zu müssen. Falls die Personen dies nicht respektieren, ist es **sinnvoll, den Kontakt zu reduzieren oder zu pausieren**.

Zum Aufbau eines Umfelds, das positive sowie negative Kritik mit guten Argumenten vermittelt, ist es hilfreich, gezielt den **Kontakt zu anderen Tradern zu suchen**. Wenn Sie regelmäßig Messen oder Veranstaltungen mit Bezug zum Trading besuchen, werden Sie auf erfahrene sowie unerfahrene Trader stoßen und somit ausreichend neue Menschen kennenlernen, mit denen Sie die Kontakte vertiefen können. Erfahrene Trader helfen Ihnen, sich emotional zu kontrollieren und Analysen sowie Strategien korrekt durchzuführen, während Sie mit den unerfahrenen Tradern gemeinsam lernen und sich motivieren können.

Auf Google lassen sich bereits bei der Suche mit dem simplen Schlagwort „Trading Community" zahlreiche Angebote von seriösen Anbietern finden. Hier kommen Trader auf verschiedenen Plattformen mit Zehntausenden von Gleichgesinnten zusammen und tauschen sich über ihre Ideen, Strategien, Trading-Tipps und vieles mehr aus.

#9: Atemtechniken als Allrounder

Wie der deutsche gesetzliche Kranken- und Pflegeversicherer *AOK* in seinem Gesundheitsmagazin erläutert, atmen 60 bis 80 % der Menschen laut Erkenntnissen aus einer US-Studie an der University of Evansville falsch. Die Atmung sei flach und kurz, in den Brustkorb statt in den Bauch. Als Hauptursache für eine zu flache und kurze Atmung wird Stress benannt. Plagende Sorgen und Aufregung seien beispielsweise Gründe für Stress (AOK, 2020).

Auch wenn die Stressbekämpfung im vierten Kapitel als Teil der Work-Life-Balance ausführlich thematisiert wird, soll an dieser Stelle bereits grundlegendes Know-how vermittelt werden, denn Stress steht im Zusammenhang mit Emotionen. Wer seine Emotionen kontrollieren möchte, sollte sich dem Stress entgegenstellen. Atemtechniken verhelfen passenderweise sowohl zur Emotionskontrolle als auch zur Stressprävention.

Übung

Eine besonders einfache Übung, die Sie schnell durchführen können, ist die folgende:

- Legen Sie sich auf den Rücken und die rechte Hand auf Ihren Bauch, die linke Hand können Sie locker neben sich auf den Boden legen.
- Schließen Sie die Augen und atmen Sie nun bewusst in den Bauch – so, dass Sie spüren, wie sich beim Einatmen die Hand auf Ihrem Bauch hebt. Atmen Sie drei Sekunden lang durch den Mund ein.

- Atmen Sie als Nächstes eine Sekunde lang durch die Nase aus.
- Wiederholen Sie diesen Vorgang 5 bis 10 Minuten lang.

Durch die Konzentration auf die korrekte Ausführung der Übung schweifen Ihre Gedanken von Sorgen, Ängsten, Zweifeln und anderen Dingen ab. Sie gewinnen Abstand vom Alltag und werden freier. Führen Sie diese Übung in den nächsten zwei Wochen immer dann durch, wenn Sie Stress, Wut, Angst oder andere negative Gefühle verspüren und es Ihnen gerade möglich ist, diese Übung zu machen. Beurteilen Sie danach, inwiefern Ihnen diese Übung bei der Emotionskontrolle hilft.

Säule 2

Kognitive Verzerrungen und Denkfehler vermeiden

Kognitive Verzerrungen können Dinge sowohl zu positiv als auch zu negativ erscheinen lassen. Einige kognitive Verzerrungen lassen Trader die ganze Welt wie Verliebte durch die rosarote Brille sehen, andere kognitive Verzerrungen führen dazu, dass Skepsis, Zweifel und Ängste dominieren – sozusagen das Gegenteil der rosaroten Brille. In allen Fällen sind Emotionen involviert, wodurch die tief verwurzelten kognitiven Verzerrungen noch weiter verstärkt werden.

Die Entdeckung und Überwindung kognitiver Verzerrungen erfordern einiges an Arbeit. Vor allem die Überwindung der Wahrnehmungsfehler ist ein langwieriger Prozess. Mit der Unterstützung dieses Kapitels werden Sie kognitive Verzerrungen erfolgreich eliminieren und Ihren Erfolg im Trading fördern.

Systematische Wahrnehmungsfehler

Kognitive Verzerrungen sind systematische Wahrnehmungsfehler. Um Entscheidungen leichter treffen zu können, nutzen Menschen bestimmte Denkmuster. Diese Denkmuster mögen sich bisher im eigenen Leben bewährt haben, doch was zu bedenken ist: Mit dem Trading wird das Leben um eine neue und unberechenbare Komponente ergänzt. Folglich lassen sich **bisherige Denkmuster nicht ohne weitere Prüfung auf Entscheidungen im Trading anwenden**.

> „Eine kognitive Verzerrung (cognitive bias) ist ein systematisches Muster der Abweichung von der Norm oder Rationalität im Urteil. Individuen schaffen ihre eigene, subjektive soziale Realität' aus ihrer Wahrnehmung des Inputs. […] So können kognitive Verzerrungen manchmal zu Wahrnehmungsverzerrungen, ungenauem Urteilsvermögen, unlogischer Interpretation oder dem, was allgemein als Irrationalität bezeichnet wird, führen." (psylex.de, 2024)

Kognitive Verzerrungen werden **durch Emotionen oder den Emotionen ähnliche Zustände gefördert**. Unter Ungeduld neigt man beispielsweise stärker dazu, ein systematisches Denkmuster zu nutzen, weil die Nutzung dieses Denkmusters die Entscheidungsfindung beschleunigt. Im wissenschaftlichen Fachjargon spricht man in diesem Kontext von Heuristiken: „Heuristiken sind bewährte Faustregeln und Vereinfachungen, die Sie unbewusst anwenden, um möglichst schnell und unkompliziert zu einer Entscheidung zu kommen. Diese einfache Denkstrategie ist sehr fehleranfällig." (Ullrich, 2021) Emotionen wirken auf die Heuristiken verstärkend. Das bedeutet, dass bei starken positiven Emotionen die positiven Heuristiken getriggert werden und bei starken negativen Emotionen die negativen Heuristiken.

Kognitive Verzerrungen lassen sich nicht mit den Maßnahmen, Techniken und Hinweisen lösen, die bei Emotionen wirken; will meinen: Kognitive Verzerrungen werden nicht durch Bewegung in der Mittagspause gemindert oder mithilfe von Affirmationen eliminiert. Stattdessen braucht es eine **längere Arbeit und vor allem die Auseinandersetzung mit dem eigenen Unterbewusstsein**, um kognitive Verzerrungen zu beseitigen. Das liegt vor allem daran, dass kognitive Verzerrungen ein Teil der eigenen Identität sind. Passend hierzu heißt es in einem Artikel des Online-Fachmagazins Spektrum.de: „Menschen verarbeiten neue Informationen oft so, dass sie in ihr eigenes Weltbild passen." Und weiter heißt es:

> „Aileen Oeberst und Roland Imhoff von der Fernuniversität Hagen argumentieren, dass zumindest 17 der als unterschiedlich gehandelten kognitiven Verzerrungen auf eine einzige zurückzuführen seien: den Bestätigungsfehler.
>
> Menschen neigen nämlich dazu, Informationen so zu verarbeiten, dass sie ihre eigenen Überzeugungen bestätigen. Deshalb kann man sich auch Standpunkte, die das eigene Weltbild stützen, besser einprägen als Gegenargumente." (Benz, 2023)

Demnach verleiten die meisten kognitiven Verzerrungen dazu, die eigenen Sichtweisen und Annahmen zu bestätigen. Dieses als **Bestätigungsfehler** bezeichnete Phänomen zeigt sich im Trading vor allem in Fällen, in denen ein Informationsüberfluss vorliegt und es schwerfällt, die Informationen richtig zu sortieren und zu interpretieren. Trading-Anfänger könnten, sobald sie einige erste Informationen finden, die ihre Sichtweise bestätigen, diese Informationen für ausreichend befinden, um sich für oder gegen einen Trade zu entscheiden, was oft zu **Fehlentscheidungen und finanziellen Verlusten im Trading** führt.

Angesichts der Vielzahl an möglichen kognitiven Verzerrungen, die im Trading auftreten können, ist die Vertiefung dieses Themas wichtig. Im Folgenden werden daher zunächst die 8 häufigsten kognitiven Verzerrungen im Trading vorgestellt. Daraufhin werden Techniken zur Überwindung der Denkfehler erläutert.

Die 8 häufigsten kognitiven Verzerrungen im Trading

In den folgenden 8 Hinweisen werden die am häufigsten unter Tradern auftretenden kognitiven Verzerrungen behandelt. Wenn Sie sich mit den Inhalten befassen, werden Sie zum einen kognitive Verzerrungen und deren schädigenden Einfluss besser verstehen, zum anderen **Ihre eigenen kognitiven Verzerrungen erkennen und behandeln** können.

#1: Strategie des Verbilligens

Direkt zum Einstieg in die 8 häufigsten kognitiven Verzerrungen soll ein richtiger „Kracher" vorgestellt werden: die Strategie des Verbilligens. Kognitive Verzerrungen sind im Trading derart weit verbreitet, dass aus einigen dieser Verzerrungen sogar Strategien entwickelt wurden. Beim Verbilligen wird eine **kognitive Verzerrung in das Gewand einer Strategie gehüllt** und der Verzerrung somit ein professioneller Anschein verliehen, obwohl diese Verzerrung brandgefährlich ist.

Roland Ullrich beschreibt in seinem Ratgeber *Trading-Psychologie für Dummies* (2021), wie diese Strategie funktioniert. Verlustpositionen werden nachgekauft. Wer bei fallenden Kursen nachkauft, reduziert den durchschnittlichen Einstiegskurs und kann bei späterem Kursgewinn alle seine Positionen wieder mit einem Gewinn schließen. Diese **Strategie ist logisch betrachtet nicht verkehrt, doch sie birgt viele große Gefahren:**

- In dem Glauben, die Kurse müssten irgendwann steigen, wird immer mehr nachgekauft, obwohl die Kurse stetig fallen. Das definierte Stop-Loss-Limit kann schnell erreicht werden, wodurch die Position zur Einhaltung des Risikomanagements geschlossen werden muss, bevor die Strategie des Nachkaufens überhaupt umgesetzt werden kann.
- Trader können **nicht mehr unterscheiden, ob sie nachkaufen, weil sie den Verlust nicht wahrhaben wollen, oder weil es Teil der Strategie ist**. Da das eigene Vorgehen anhand der Strategie gerechtfertigt werden kann, hat man eine Ausrede für die Entscheidungen – dies ist der Inbegriff einer kognitiven Verzerrung.
- Bei der Martingale-Strategie werden die Positionen im Falle eines Verlusts beim Nachkaufen sogar verdoppelt, um die Verluste schneller wieder auszugleichen. Diese Strategie hat ein noch größeres Risiko als die Strategie des Verbilligens.

Um mit Gewissheit sagen zu können, dass das Nachkaufen einer Verlustposition kein Resultat einer kognitiven Verzerrung ist, müssen Argumente vorliegen, die für das Nachkaufen sprechen. Diese Argumente ergeben sich idealerweise aus einer Fundamentalanalyse des Wertpapiers, bei der finanzielle Kennzahlen und Unternehmensdaten bewertet werden, oder aus einer technischen

Analyse des Charts – ohne analytische Argumente gibt es keine Gründe, wieso Verlustpositionen nachgekauft werden sollten.

Die **Martingale-Strategie hat gar nichts mit Trading zu tun**: Aus dem Roulette-Spiel ist eine vergleichbare Strategie bekannt. Beim Verdoppeln von Verlustpositionen handelt es sich **immer um eine Zockerei**, die jedweden Grundsätzen eines reflektierten Tradings mit gutem Risikomanagement widerspricht. Die Martingale-Strategie fördert kognitive Verzerrungen immens und verdient die Bezeichnung „Strategie" nicht.

#2: Filterung von präferierten Informationen

Die Filterung von präferierten Informationen wurde bereits am Anfang dieses Kapitels angesprochen, nämlich im Kontext mit dem **Bestätigungsfehler**. Wenn ein Trader in einer großen Menge an kursrelevanten Informationen jene filtert, die seine eigene Annahme zur weiteren Kursentwicklung bestätigen, liegt eine Filterung gemäß den Präferenzen vor. Diese führt früher oder später definitiv dazu, dass **wichtige Informationen übersehen** werden und als Folge der fehlerhaften Analyse falsche Entscheidungen getroffen werden und finanzielle Verluste eintreten.

Personen, die nach Präferenzen filtern, tun dies nicht nur im Trading, sondern oft auch in ihrem sonstigen Alltag. Deswegen ist es an erster Stelle wichtig, sich im gesamten Alltag zu beobachten und auszuwerten, ob man generell von diesem Wahrnehmungsfehler betroffen ist.

Übung

Suchen Sie im Alltag – ob im Beruf, beim Lesen von News, in Gesprächen mit Freunden oder bei anderer Gelegenheit – möglichst häufig nach Informationen, die Ihrer Sichtweise widersprechen. Wenn Sie feststellen, dass Sie mehrmals im Tagesablauf wichtige Argumente missachten, weil diese nicht zu Ihren Sichtweisen oder Annahmen passen, unterliegen Sie einer Form der kognitiven Verzerrung, nämlich der Filterung nach präferierten Informationen.

Sollte die kognitive Verzerrung bei Ihnen nicht im Alltag zutage treten, ist das kein Ausschlussfaktor dafür, dass Sie im Trading nicht nach präferierten Informationen filtern. Daher erhalten Sie im Folgenden ein Beispiel dafür, wie Sie erkennen können, ob Sie dies tun.

Beispiel

Ein typisches Zeichen dafür, dass Sie im Trading nach Präferenzen filtern, ist die Einbeziehung von Informationen aus der Fundamentalanalyse. Die Fundamentalanalyse in Trading-Entscheidungen einzubeziehen, ergibt jedoch keinen Sinn, denn die Informationen aus der Fundamentalanalyse sind allein für die langfristige Geldanlage relevant. Wenn sich zeigen sollte, dass auffällig viele der Informationen, die Ihre Annahmen bestätigen, aus der Fundamentalanalyse stammen, ist dies ein Zeichen dafür, dass Sie einer kognitiven Verzerrung unterliegen.

Tatsächlich haben Trader eigentlich nur wenige Informationen, die sie analysieren und auswerten müssen. Das liegt daran, dass es für kurzfristige Trading-Entscheidungen abgesehen von der technischen Chartanalyse und den tagesaktuellen News keine relevanten Informationsquellen gibt. Trader, die ihr Handwerk verstehen, werden aufgrund der wenigen Informationsquellen keinerlei Informationsüberfluss erfahren. Dementsprechend gilt: **Aus ihren wenigen Quellen sollten Trader möglichst alle relevanten Informationen zusammentragen** und diese der Wichtigkeit nach sortieren. Sofern sich hieraus ergibt, dass die eigene Annahme nicht bestätigt wird, ist diese Tatsache zu akzeptieren.

Tipp!

Um das Risiko für eine Filterung von Informationen nach eigenen Präferenzen zu reduzieren, sollten ausschließlich Informationen aus autoritativen Quellen, wie z. B. finanzen.net oder boerse.de, bezogen werden.

Wer den Tipp nicht berücksichtigt und anfängt, auf Foren nach User-Meinungen zu suchen, die die eigenen Annahmen bestätigen, filtert die Informationen definitiv nach eigenen Präferenzen. In Foren kreieren normale User oftmals Geschichten, die nicht der tatsächlichen Lage entsprechen. Diese Geschichten sind ein weiteres Risiko für kognitive Verzerrungen.

#3: Die Liebe zu Geschichten

> „Geschichten rufen Emotionen hervor. Emotionen schaffen nicht nur Sinn und Bedeutung in komplexen Entscheidungssituationen. Sie schärfen unsere Sinne in einem Umfeld, in dem die Informationsflut die Verarbeitungskapazität unseres Gehirns bei Weitem übersteigt. Das erzeugt Selbstvertrauen im Hinblick auf das weitere Vorgehen. Insofern sind emotionsgeladene Geschichten ein wichtiger Teil effektiver Entscheidungsfindung." (Ullrich, 2021)

In demselben Abschnitt, in dem Roland Ullrich diese These über Geschichten fällt, erwähnt er unter Verweis auf Studien, dass **Trader anfällig für Geschichten** sind. Wenn es eine Geschichte gibt, die auf die Richtigkeit der eigenen Annahme hindeutet, sind Trader für diese besonders empfänglich. Dies entspricht dem soeben erläuterten Phänomen in *#2: Filterung von präferierten Informationen*; allerdings fördern Geschichten nicht nur diese Art der kognitiven Verzerrung.

Geschichten verleiten Trader dazu, überhaupt erst eine bestimmte Annahme zu entwickeln. Durch die Macht des Storytellings glauben Trader der in der Geschichte aufgestellten These. Sie glauben unter Umständen so stark daran, dass sie alle Kontra-Argumente zur Geschichte missachten. Quellen, die überzeugende und zu potenziellen Fehlern verleitende Geschichten produzieren, sind u. a. andere Trader in Foren, Trading- und Börsen-Experten in verschiedenen Medien und die Finanzpresse in ihren Kanälen.

Zudem kann nicht ausgeschlossen werden, dass Unternehmen selbst Geschichten erfinden und diese zur positiven Beeinflussung ihrer Aktienkurse massenwirksam ausspielen – und das unter Anwendung überzeugend klingender Floskeln, wie etwa „Diesmal wird alles anders als im letzten Jahr, denn wir haben ...“ oder „In der Unternehmensführung wurde ein weitreichender Paradigmenwechsel zur Einleitung technologischer Umbrüche und moderner Führungsmethoden eingeleitet ...“.

Geschichten sprechen an, denn die meisten Menschen mögen Geschichten. Die Befolgung der **Techniken und Hinweise zur Emotionskontrolle im ersten Kapitel** hilft dabei, weniger anfällig für die Macht der Geschichten zu sein. Wer seine Emotionen unter Kontrolle hat und seine Trading-Entscheidungen nach Argumenten fällt, missachtet Geschichten idealerweise komplett. Bei dem **Bezug von Informationen ausschließlich aus autoritativen Quellen** werden sich Trader selten bis gar nicht mit Geschichten konfrontiert sehen – dies ist ein weiterer Grund, um lediglich seriösen Quellen zu vertrauen.

#4: Prospect Theory und Verlustaversion

Die wissenschaftliche Prospect Theory besagt, dass Menschen Gewinne und Verluste unterschiedlich bewerten. Meist werden **Verluste stärker gewichtet als Gewinne in derselben Höhe**. Daher spielt das Konzept der Verlustaversion in der Prospect Theory eine wichtige Rolle. Die Verlustaversion beschreibt die Abneigung gegenüber Verlusten:

- Die Angst, 100 Euro zu verlieren, wiegt schwerer als die Perspektive, 100 Euro zu gewinnen.
- Sobald der Gewinnbereich erreicht ist, sind viele Trader scheu, die Position zu halten, und neigen dazu, Gewinne zu früh zu realisieren.
- Bei Verlusten verleitet die Verlustaversion dazu, größere Risiken einzugehen, um die Verluste wieder auszugleichen.

Der **unausgewogene psychische Umgang mit Gewinnen und Verlusten** kann leicht bemerkt werden. Hierfür müssen sich Trader lediglich in Gewinn- und Verlustsituationen genau hinterfragen, was sie gerade bei ihrer Entscheidung fühlen: Ist bei einem Kursanstieg ein gewisses Maß an Angst oder Unruhe vorhanden, das einen dazu animiert, die Position schon (deutlich) vor dem Erreichen der Take-Profit-Marke zu schließen? Und/Oder ist bei einem Kursverlust ein Verlangen spürbar, die Stop-Loss-Marke zu ignorieren, nachzukaufen oder vergleichbare risikofreudige Handlungen durchzuführen?

Wenn Sie auch nur eine der beiden Fragen ansatzweise mit „Ja" beantworten, liegt eine kognitive Verzerrung vor. Meist stellen Trader fest, dass die Verlustaversion besonders stark ausgeprägt ist. Dies verleitet dazu, riskante Entscheidungen zu treffen. Sind dabei die Emotionen nicht unter Kontrolle, so wird die Verlustaversion verstärkt und die Voraussetzungen für rationale Handlungen sind äußerst schlecht.

Das **Bewusstsein für das Vorhandensein einer Verlustaversion ist der erste Schritt auf dem Weg zur Besserung**. Konkrete Techniken und Hinweise zur Ausbalancierung des Umgangs mit Gewinnen und Verlusten werden im weiteren Verlauf des Kapitels gegeben. Ein wichtiges Stichwort hierbei ist die „Ausbalancierung“, denn einige selbstkritische Trader begreifen das Problem der Verlustaversion, aber ihnen entgeht, dass sie im Bereich der Gewinne zu risikoscheu sind, was ebenfalls ein Problem ist. Dies führt dazu, dass selbst bei einer Überwindung der Verlustaversion eine ungünstige Basis für erfolgreiches Trading bestehen bleibt. Das Ziel muss sein: Mit Gewinnen und Verlusten ausgewogen umgehen, nicht bei Verlusten besonders vorsichtig sein und bei Gewinnen risikoscheu sein.

#5: Kognitive Dissonanz bei inneren Konflikten

> „Kognitionen sind Erkenntnisse des Individuums über die Realität. Einzelne Kognitionen können in einer Beziehung zueinander stehen. Kognitive Dissonanz entsteht, wenn zwei zugleich bei einer Person bestehende Kognitionen einander widersprechen oder ausschließen. Das Erleben dieser Dissonanz führt zum Bestreben der Person, diesen Spannungszustand aufzuheben, indem eine Umgebung aufgesucht wird, in der sich die Dissonanz verringert oder selektiv Informationen gesucht werden, die die Dissonanz aufheben.“ (Prof. Dr. Maier, 2024)

Eine **Kognition** ist beispielsweise, dass sich der **Kurs eines Wertpapiers nicht entwickelt wie erwartet**. Diese Erkenntnis über die Realität kann nüchtern als natürlicher Bestandteil des Tradings wahrgenommen werden. Da man als Trader den Kursverlauf niemals mit Garantie vorhersagen kann, sind Verluste vorprogrammiert. Wenn diese Erkenntnis nicht nüchtern als Bestandteil des Tradings wahrgenommen wird, kommt es eventuell zu einer kognitiven Dissonanz.

Im ersten Kapitel wird die „Besserwisserei“ als eine Hürde fürs Trading erwähnt. Sie ist eine potenzielle Ursache kognitiver Verzerrungen. Man stelle sich Folgendes vor: Ein Trader führt eine gründliche technische Analyse des Wertpapiers durch. Neben der bisherigen Kurshistorie prüft er in seriösen Quellen die tagesaktuellen News. Es folgt das Timing des Einstiegszeitpunkts anhand von Chartformationen und Chartmustern. Im Endeffekt ist **alles perfekt angerichtet** und alles deutet darauf hin, dass das Wertpapier demnächst an Wert gewinnen wird. **Doch die erwartete Entwicklung bleibt aus**:

- Der Kurs sinkt. Der Trader kann es nicht glauben und bleibt dem Wertpapier treu.
- Alle anderen Wertpapiere von Unternehmen aus derselben Branche entwickeln sich positiv. Wieso ausgerechnet nicht das eine, in das der Trader investiert hat?
- Der Trader will es nicht glauben. Er hält sein Wertpapier über das Stop-Loss-Limit hinaus, denn seine Analyse muss doch korrekt sein!

Manchmal passiert es, dass man in einem generell boomenden Markt ausgerechnet das Wertpapier handelt, das dem Boom nicht folgt. Das kann bestimmte Gründe haben, die im Voraus nicht vorhersehbar sind, oder einfach nur Pech sein. Letzten Endes spielt Glück beim Trading trotz gründlicher Analysen nach wie vor zu einem gewissen Grad eine Rolle. Wer das nicht akzeptiert und denkt, gründliche Analysen seien ein Erfolgsgarant, wird des Öfteren in die Falle der kognitiven Dissonanz tappen.

Fehler, die einem in der Dissonanzfalle unterlaufen, sind u. a. die **Leugnung des Ist-Zustandes und das Festhalten an einem**

Wertpapier trotz stetiger Verluste. Personen mit einem starken Ego neigen dazu, dass sie ihr Pech oder ihren Fehler nicht einsehen können und wider Logik am Wertpapier festhalten. In der Verzweiflung über den Zustand beginnen manche Personen, **sich gezielt Informationen zu beschaffen, die die eigenen Annahmen bestätigen**. Die „selektive Beschaffung und Interpretation dissonanzreduzierender Informationen" (Prof. Dr. Maier, 2024) führt wieder zum in *#2: Filterung von präferierten Informationen* beschriebenen Problem zurück. Hier greifen also zwei kognitive Verzerrungen ineinander. Da eine kognitive Verzerrung nicht als solche erkannt und die Realität geleugnet wird, wird auf eine zweite kognitive Verzerrung zurückgegriffen.

#6: Hindsight Bias

Im Nachhinein ist man immer schlauer. Dieses Sprichwort hat einen Bezug zur nächsten kognitiven Verzerrung, nämlich dem Hindsight Bias. Mit Hindsight Bias wird die Tendenz beschrieben, **vergangene Ereignisse als vorhersehbar zu sehen, obwohl sie dies nicht waren**. Dies führt dazu, dass Trader glauben, sie hätten vergangene Kursverläufe richtig prognostiziert, obwohl dies nicht der Fall ist.

Es mag sein, dass Trader im Laufe ihres Tradinglebens bereits mehrmals Argumente entdeckt haben, die für die tatsächliche Kursentwicklung gesprochen haben. Dann kann es vorkommen, dass Trader auf der Suche nach Selbstbestätigung sich fast nur an diese Argumente erinnern und die **Erinnerung an Argumente, die dagegen gesprochen haben, kaum mehr besteht oder verdrängt wird**. Passiert dies häufig, dann laufen Trader Gefahr, dem Hindsight Bias zu verfallen.

Je stärker Trader daran glauben, dass sie vergangene Kursverläufe vorhergesehen haben, umso mehr werden sie darauf vertrauen, dass sie generell bei Kursprognosen richtig liegen. Dieser Glaube, man habe generell recht, kann zu falschen Trading-Entscheidungen verleiten. **Kombiniert mit dem Konzept „FOMO“** (Fear of missing out; deutsch: Angst, etwas zu verpassen) ergibt sich ein **gefährlicher Cocktail der Selbstüberschätzung**: Trader werden mit jedem Trade, bei dem sie sich einreden, den Kursverlauf korrekt prognostiziert zu haben, ungeduldiger und bekommen immer mehr Angst, beim nächsten Trade eine einmalige Gelegenheit zu verpassen. Die Ungeduld steigert das Risiko, dass die Analysen mit weniger Genauigkeit vorgenommen werden als zuvor und die ohnehin schon voreilige Haltung zu übereilten Trading-Entscheidungen führt.

Tipp!

Die Existenz der Hindsight Bias schließt nicht aus, dass ein Trader tatsächlich gut in der Aufstellung von Prognosen ist. Um im Nachhinein festzustellen, ob man Prognosen korrekt getätigt hat oder sich dies nur einbildet, ist das in Kapitel 1 empfohlene Trading-Journal hilfreich. Wer in dem Journal die Argumente für oder gegen seine Entscheidungen aufschreibt und auch Überlegungen zu nicht getätigten Trades aufschreibt, kann im Nachhinein analysieren, ob er Prognosen wirklich gut tätigt. Wichtig ist, im Journal alle Gedankengänge aufzuschreiben und klare Prognosen und Handlungsempfehlungen zu formulieren, um im Nachhinein vollumfassend beurteilen zu können, ob man mit seinen Gedanken zu den Kursentwicklungen richtig lag.

Die Bedeutung und das Ausmaß der Hindsight Bias sind nicht zu unterschätzen. Im Nachhinein hieß es sogar bezüglich der globalen Finanzkrise von 2007, dass „alle Experten es gewusst haben". Obwohl „alle es gewusst haben", tat niemand etwas dagegen und es kam zur Schädigung von Sparern, zum Kollaps von Banken, zum Verlust von Vermögen und zur Beeinträchtigung ganzer Volkswirtschaften. Trotzdem wissen es im Nachhinein auch heute noch alle besser – gestatten: Hindsight Bias im ganz großen Stil.

Hindsight Bias können in verschiedenen Formen auftreten. Eine schwer zu identifizierende Ausprägung des Hindsight Bias ist die **metakognitive Variante**, über die Engelkamp im Artikel *Hindsight Bias (Rückschau-Fehler) – Definition & Beispiel* (2024) schreibt: „Metakognition bedeutet, dass wir über unsere Gedanken selbst nachdenken können. Wenn es Menschen leichtfällt, über eine frühere Entscheidung nachzudenken und diese zu verstehen, kann es passieren, dass sie Leichtigkeit mit Gewissheit verwechseln."

Personen, die ihre Gründe für Handlungen und Denkweisen gut reflektieren können, laufen also Gefahr, diese **Leichtigkeit bei der Selbstreflexion mit der Gewissheit über den Eintritt bestimmter Ereignisse zu verwechseln**. Das Motto ist hier: „Ich habe die Entscheidung XY getroffen, weil Argument Z für mich ausschlaggebend war. Dementsprechend war es auch für mich klar, dass der Kurs sich so entwickeln würde." Diese Denkweise ist eine metakognitive Verzerrung.

#7: Sich wiederholende Nachrichten

Wie vorsichtig man mit der Glaubwürdigkeit von Nachrichten sein muss, wurde im Zusammenhang mit den Geschichten bereits beschrieben. Zu viele Experten, Analysten und Unternehmen kreieren gut klingende Geschichten, um Trader und Anleger dazu zu bewegen, Geld in den Kapitalmarkt zu pumpen. Zudem haben zahlreiche Nachrichtenseiten im Internet generell eine geringe Qualität.

Ein weiteres Problem, von dem sogar die seriösesten Medien betroffen sind, ist die Wiederholung von Nachrichten. Wenn eine **Nachricht in seriösen Medien mehrmals pro Tag wiederholt** wird, besteht die Gefahr, dass Trader dieser Nachricht mehr Glaubwürdigkeit beimessen oder diese Nachricht in ihrer Trading-Entscheidung besonders stark gewichten. Dabei hat die **mehrmalige Wiederholung einer Nachricht nichts darüber zu sagen, wie relevant die Nachricht für die eigenen Trades ist**.

Wenn ein Trader von Natur aus eher positiv gestimmt ist und auch die Nachricht positiv ist, besteht das Risiko, dass sich die positiven Wirkungen gegenseitig verstärken und der Trader in seinem objektiven Entscheidungsvermögen komplett getrübt wird. Sich wiederholenden Nachrichten sollte unter keinen Umständen mehr Gewicht in der Argumentation gegeben werden, sofern diese nicht tatsächlich wichtig sind. Doch wie gelingt das?

- Ein Ansatz ist, sich wiederholende Nachrichten nur einmal zu lesen und danach zu ignorieren. Dies birgt allerdings das Risiko, dass wichtige Updates mit neuen Informationen außer Acht gelassen werden.

- Besser ist es, die sich wiederholenden Nachrichten nur einmal vollständig zu lesen und ab dem zweiten Lesen nur noch zu überfliegen, um keine Updates zu verpassen.
- Zudem ist eine schriftliche Dokumentation der Argumente vor einer Trading-Entscheidung ratsam. Wer sich die Pro- und Contra-Argumente in einer Tabelle aufschreibt, behält am ehesten alle Argumente im Blick.

Tipp!

Sich wiederholende Nachrichten sollten nicht jedes Mal komplett gelesen werden, weil ansonsten derselbe Effekt wie bei Affirmationen greifen könnte: Durch das mehrmalige Lesen und Wiederholen in Gedanken bleiben die Inhalte stärker im Gedächtnis, dringen vielleicht sogar tief ins Unterbewusstsein durch und sind stärker präsent als andere Argumente.

#8: Nicht verarbeitete negative Erlebnisse

Auch wenn der Begriff „Trauma“ für einschneidende und ernste negative Lebenserfahrungen genutzt wird und somit im Trading nicht adäquat ist, verwenden einige Trading-Psychologen ihn, um zu beschreiben, wie sehr negative Erlebnisse die Trader bei deren Entscheidungen prägen. Man muss sich nur vor Augen führen, dass unmittelbar vor dem Platzen der Dotcom-Blase Anfang der 2000er Jahre ein Aktien-Boom in der deutschen Bevölkerung herrschte. Die Deutschen, eine Nation der Sparer, hatten begonnen, sich der Geldanlage in Wertpapiere zu öffnen. Doch mit Platzen der Dotcom-Blase veränderte sich dies schlagartig. Es kam zu hohen Verlusten und Deutschland hatte seitdem stets einen im Vergleich zu anderen Industriestaaten sehr geringen Anteil an Aktionären.

Im Trading können vergleichbare Effekte eintreten. Man nehme als Beispiel einen **grundsätzlich erfolgreichen Trader, der jedoch einmal einen hohen Verlust erlitten hat**. Dieser kam zu einem ungünstigen Zeitpunkt und hätte ihn fast dazu gebracht, mit dem Trading aufzuhören. Der Trader erinnert sich ganz genau an die Situation, den damaligen Kursverlauf und den Ablauf der Dinge, als sich der Kurs entgegen seinen Erwartungen zu entwickeln begann. Immer, **wenn sich eine ähnliche Situation ergibt**, reagiert der Trader nun vorschnell und gibt seine Position auf, weil er sich **Sorgen macht, nochmals mit einem ähnlich hohen Verlust konfrontiert zu werden**.

Trading-Entscheidungen sollten das Resultat klarer und nüchterner Überlegungen gemäß der eigenen Trading-Strategie sein. Vorschnelle Entscheidungen, die gegen die eigene Strategie laufen und nicht den Stop-Loss- und Take-Profit-Marken entsprechen, sondern aus eigenen „Traumata" resultieren, sind kein Zeichen guten Tradings. Vor allem dann, wenn große Verluste aus unvorhersehbaren und sehr seltenen Entwicklungen an der Börse resultieren, kann man Tradern wenige Vorwürfe machen.

Die Verarbeitung solcher oder ähnlicher „Traumata" wird in den folgenden Abschnitten mit den 8 Techniken zur Überwindung von Denkfehlern thematisiert.

8 Techniken zur Überwindung von Denkfehlern

Mithilfe der folgenden 8 Techniken gelingt es Tradern, kognitive Verzerrungen zu überwinden. Da kognitive Verzerrungen meist nicht nur im Trading auftreten, sondern einen generell durchs Leben begleiten, sind die folgenden Inhalte für den Erfolg und **für Entscheidungssituationen im gesamten Leben nützlich**.

Einige der folgenden Techniken beziehen sich konkret auf einige der in den vorigen Abschnitten beschriebenen kognitiven Verzerrungen. Andere Techniken sind allgemeiner Natur und helfen bei der Identifizierung und Überwindung verschiedenster Arten von Denkfehlern.

#1: Mithilfe von Ankern Traumata ablegen

Die Technik des Ankerns geht auf Iwan Pawlow zurück, der im Rahmen eines Experiments an Hunden feststellte, dass sich **innere Reaktionen mit äußeren Reizen koppeln** lassen. Wenn ein Trader ein Trauma aus einer bestimmten Situation hat, kann er üben, dieses durch das Setzen eines äußeren Reizes und die darauffolgenden positiven inneren Reaktionen zu bekämpfen. Zunächst ein Blick auf das Experiment von Pawlow:

- Pawlow läutete mit einer Glocke, wenn er den Hunden in seinem Experiment etwas zu fressen gab. Das wiederholte er mehrmals.

- Nach mehreren Wiederholungen stellte er fest, dass die Hunde bereits beim Läuten der Glocke zu sabbern begannen, auch wenn sie kein Essen erhielten.
- Die Hunde wurden anhand eines äußeren Reizes – des Läutens der Glocke – mit Erfolg auf eine bestimmte innere Reaktion trainiert.
- Dies bezeichnete Pawlow als einen bedingten/erlernten Reflex. In den letzten Jahrzehnten wurde diese Methodik u. a. in Therapien von Menschen aufgegriffen.

Im Endeffekt zeigt sich in dem Experiment von Pawlow nichts anderes als eine **Konditionierung**. Wir Menschen sind Gewohnheitswesen, was bedeutet, dass wir bevorzugt aus Gewohnheiten heraus handeln und denken, denn dies strengt uns weniger an und geht schneller. Gewohnheiten versacken tief im Unterbewusstsein und können nur schwer verändert werden. Dementsprechend sind gute Gewohnheiten wünschenswert und ein langfristiger Begleiter des Erfolgs, während schlechte Gewohnheiten uns immer wieder am Erfolg hindern.

Tipp!

Das Thema „Gewohnheiten" wird zwar hauptsächlich im Kontext des Ankerns thematisiert, doch grundsätzlich sind gute Gewohnheiten bei jedem Aspekt in diesem Ratgeber hilfreich. Wer sich beispielsweise die Führung eines Trading-Journals angewöhnt, baut eine langfristig sinnvolle Gewohnheit auf, die zu differenzierten Trading-Entscheidungen beiträgt und die Qualität der Selbstreflexion steigert.

In der Trauma-Therapie nutzen einige Psychologen die Macht der Gewohnheiten, um Patienten **bei einer Konfrontation mit dem Trauma einen positiven Anker zu geben**. An diesen können sich Patienten klammern, wenn sie mit dem Trauma konfrontiert werden. So funktioniert die Technik:

1. Patienten erhalten die Aufgabe, sich an etwas Schönes aus ihrem Leben zu erinnern. Sie sollen die Augen schließen, es sich bildlich vorstellen und an ihre Emotionen in diesem Moment denken; sie sollen die Emotionen nachfühlen. Dieser erste Schritt dauert mindestens einige Minuten, um zu gewährleisten, dass man die positiven Emotionen wirklich nachempfindet.
2. Nun suchen sich Patienten eine Geste aus, die nach dem Pawlowschen Prinzip als äußerer Reiz dienen soll. Alternativ können Patienten einen Gegenstand bei sich tragen, den sie als äußeren Reiz verwenden. Der äußere Reiz ist gleichzeitig der Anker; „Anker", weil er dazu dient, die positiven Emotionen zu ankern. In dem Moment, wo Personen z. B. die Geste machen oder den Gegenstand in die Hand nehmen, denken sie an den Moment und die Emotionen aus Schritt 1.
3. Das Ankern der Emotionen wird mehrmals geübt. Jeden Tag versuchen Patienten mehrere Male, ihren Anker zu betätigen und dabei die positiven Emotionen genauestens nachzufühlen. Das könnte so aussehen: Sich in eine ruhige Umgebung begeben, Anker nutzen und 3 Minuten an den Moment sowie die positiven Emotionen denken. Dann eine Pause einlegen und alles wiederholen.

Für Patienten in der Therapie gilt: Sobald das Trauma eintritt, soll der Anker verwendet werden. Je häufiger man den Prozess des

Ankerns übt und bei der Konfrontation mit dem eigenen Trauma tatsächlich anwendet, umso besser wird es wirken. Welche Lehren können Sie als Trader daraus ziehen?

Falls Sie ein unverarbeitetes negatives Erlebnis beeinflusst, wie es unter den 8 häufigsten kognitiven Verzerrungen zuvor erläutert wurde, wenden Sie das Ankern an. Das negative Erlebnis prägt Sie womöglich so sehr, dass es Sie in bestimmten Situationen von rationalen Überlegungen abhält und z. B. ängstlich handeln lässt. Gehen wir davon aus, dass Ihr **„Trauma“ bei einem bestimmten Kursverlauf oder einer Chartformation ausgelöst wird**: In diesem Fall können Sie an die Kursverläufe und Chartformationen zurückdenken, bei denen Sie Ihre größten Erfolge gefeiert haben. Denken Sie intensiv an Ihre erfolgreichsten Trades und empfinden Sie die Emotionen nach. **Als Anker fassen Sie sich beispielsweise an Ihre Armbanduhr** oder berühren einen Gegenstand auf dem Schreibtisch. Diese Technik können Sie sogar mit einer Affirmation koppeln, wie etwa dem Spruch: „Ich treffe überlegte Entscheidungen und bin von meinen Fähigkeiten überzeugt.“

Übung

Falls Sie unter einer kognitiven Verzerrung leiden, die durch ein unverarbeitetes negatives Erlebnis im Trading ausgelöst wird, dann machen Sie sich diese Verzerrung bewusst und überlegen Sie, wie Sie die Technik des Ankerns für sich nutzen können.

Den Anker so zu nutzen, dass die positiven Emotionen dem Trauma tatsächlich entgegenwirken, erfordert sehr viel Übung. Es kann Wochen dauern, doch es lohnt sich, denn wenn man einen Anker erst einmal etabliert hat, ist er in verschiedenen Situationen des Lebens hilfreich. Er ist also nicht nur mit Blick auf das eine Trauma, sondern universell nützlich. Eventuell stellt sich während der Übungen heraus, dass der gewählte Anker nicht so wirkt, wie Sie es sich wünschen. Dann **wechseln Sie einfach den Anker oder denken an einen anderen Moment, der stärkere positive Emotionen entfaltet**.

#2: Durch Visualisierung die Zuversicht steigern

> „Der Mensch hat ein visuell-sensorisches Gehirn. Positive wie negative Emotionen werden im Gehirn vor allem als Bilder abgespeichert. Bilder sind erheblich wirkungsvoller als Sprache. Die Bilder in Ihrem Kopf entscheiden, nicht Worte, Zahlen oder Fakten.“ (Ullrich, 2021)

Die Aussage, dass Bilder im Kopf entscheiden und nicht die Worte, Zahlen oder Fakten, bezieht sich auf die emotionalen Faktoren des Tradings. Natürlich sollten Trading-Entscheidungen argumentativ und anhand von Zahlen sowie Fakten getroffen werden, nicht auf Basis einiger „netter Bilder“, die man sich in den Kopf setzt. Im Hinblick auf die Emotionen sind Bilder allerdings sehr wichtig: **Aspekte wie etwa Zuversicht, Mut und Selbstvertrauen**, die man alle bis zu einem gewissen Grad im Trading braucht, werden **durch die Bilder im Kopf erheblich beeinflusst**.

Trader, denen es an Zuversicht und Mut mangelt, können mithilfe von Visualisierungen gegensteuern. **Durch die Entwicklung von Visualisierungen erinnert man sich verstärkt an positive**

Erlebnisse und stärkt so das eigene Mindset. Gleichwohl ist zu bedenken, dass überoptimistische Trader keine Visualisierungen nutzen sollten, denn diese könnten den ohnehin zu großen Hang zum Optimismus noch weiter verstärken und auf diesem Wege die Verlustrisiken beim Trading steigern.

Übung

Stellen Sie fest, ob es negative Einflüsse auf Ihr Mindset gibt: Fühlen Sie sich bei bestimmten Trades oder generell beim Trading des Öfteren unsicher, ängstlich, besorgt, gehemmt, pessimistisch oder in anderer Weise negativ? Schreiben Sie die Situationen und Ihre Emotionen dabei auf!

Sobald die negativen Emotionen klar sind, können entsprechende Visualisierungen als Gegenmittel eingesetzt werden. Ein Ansatz ist, **Bilder oder Plakate anzufertigen, die einen an die eigenen Stärken erinnern**. Beispielsweise könnten Chartformationen von den erfolgreichsten Trades im Bürozimmer aufgehängt werden. Darüber hinaus sind Fotos von einem selbst – in Momenten des Erfolgs gemacht – ein gutes visuelles Mittel. Auch Diagramme mit Statistiken zur bisherigen positiven Trading-Bilanz sind eine gute Methode zur Visualisierung.

Zu beachten ist, dass Visualisierungen auf keinen Fall genutzt werden sollten, um leichtsinnige Trading-Entscheidungen zu fördern. Eine Visualisierung ist dafür gedacht, eine grundsätzliche und unnötig negative Haltung zu beheben, jedoch **nicht dafür vorgesehen, sich Mut für unüberlegte Trading-Entscheidungen zuzusprechen**. Folglich sind Visualisierungen nur ein sinnvolles

Mittel für Trader, die das, was sie tun, argumentativ und analytisch rechtfertigen können und eine klare Trading-Strategie verfolgen, von der sie nicht risikofreudig oder leichtsinnig abweichen.

#3: Verantwortung übernehmen

Viele kognitive Verzerrungen treten mit höherer Wahrscheinlichkeit ein, wenn man sich weigert, die Verantwortung zu übernehmen. Erfolgreiche Trader und allgemein im Leben erfolgreiche Menschen zeichnen sich fast alle dadurch aus, dass sie die Bereitschaft haben, Verantwortung zu übernehmen. **Wer Verantwortung für sein Denken und Handeln übernimmt**, wird beispielsweise den Geschichten von Experten und den sich wiederholenden Nachrichten (siehe: *Die 8 häufigsten kognitiven Verzerrungen im Trading*) nicht mehr Aufmerksamkeit schenken, als es notwendig ist, und **seine Entscheidungen gründlich überdenken**.

Schon gewusst?

Die Übernahme von Verantwortung ist keine Selbstverständlichkeit. So fahren beispielsweise bei gestellten Unfällen in TV-Reportagen auffällig viele Personen an der Unfallstelle vorbei, ohne Erste Hilfe zuw leisten. Im Anschluss sagen sie bei Befragungen aus, sie hätten Angst gehabt, Verantwortung zu übernehmen. Zudem ist das Bildungssystem in den meisten Industrienationen darauf ausgerichtet, eine Ausbildung oder ein Studium zu machen und dann als Angestellter den Weisungen des Arbeitgebers zu folgen – Verantwortung zu übernehmen und selbstständig zu handeln, ist eher selten gefragt.

Hier soll keine Generalkritik am Bildungssystem geübt werden und auch nicht auf den Mangel an Bereitschaft zur Ersten Hilfe hingewiesen werden. Doch **wer tradet, muss sich darüber im Klaren sein, dass er selbstständig ist**. Auf diesem Terrain ist es normal, Fehler zu begehen und nicht richtig zu liegen. Um die richtigen Rückschlüsse aus den Fehlern zu ziehen und sich im Trading analytisch sowie in sonstiger Hinsicht zu verbessern, muss die volle Verantwortung für das eigene Handeln übernommen werden.

Verantwortung zu übernehmen, gelingt nicht allein durch das Lesen dieses Kapitels oder durch die Verinnerlichung markiger Zitate aus Motivationsvideos. **Verantwortung zu übernehmen, ist eine Übungssache**. Wer die Verantwortung immer wieder ablehnt und den Märkten, anderen Experten oder anderen widrigen Umständen die Schuld für Verluste im Trading gibt, ist von einer kognitiven Verzerrung betroffen. Diese reicht bis tief ins Unterbewusstsein hinein und muss durch mehrere Übungen, die regelmäßig wiederholt werden, durchbrochen werden.

Übung 1

Denken Sie zurück an alle bisherigen Misserfolge beim Trading. Schreiben Sie die Misserfolge auf einem Blatt Papier auf. Notieren Sie dann neben jedem der Misserfolge, wem Sie die Schuld für den Misserfolg gegeben haben. Schreiben Sie danach zu jedem der Misserfolge auf, wieso Sie die Verantwortung tragen und nicht jemand anderes. Nehmen Sie sich reichlich Zeit dafür und denken Sie genau über Ihre Verantwortung nach.

Wenn Sie beispielsweise aus Ihrem Trading-Journal herauslesen oder sich daran erinnern, dass Sie einen Kursgewinn für unwahrscheinlich hielten, aber sich aufgrund der Geschichten von Börsenexperten doch zum Kauf eines Wertpapiers entschlossen haben und letztlich ein Kursverlust eingetreten ist, liegt die Verantwortung bei Ihnen. Sie wissen spätestens nach dem Lesen dieses Ratgebers, dass Geschichten eine starke Macht auf Menschen haben. Davon dürfen Sie sich nicht in Ihrer Entscheidungskompetenz beeinflussen lassen. Tun Sie dies trotzdem, so liegt der Misserfolg allein in Ihrer Verantwortung.

Übung 2

Zum Trading gehören nicht nur Analysen und Orders, sondern ebenso die Weiterbildung und die Work-Life-Balance. Ist es schon mal vorgekommen, dass Sie sich zu einer Party überreden lassen haben, obwohl Sie überhaupt keine Lust hatten und wussten, dass dort nichts für Sie Interessantes geschehen würde, und am nächsten Morgen waren Sie bei der Arbeit unkonzentriert und haben Fehler gemacht? Übernehmen Sie die Verantwortung dafür, wenn Sie aufgrund durchgemachter Nächte, fehlender Work-Life-Balance und unzureichender Weiterbildung Fehler beim Trading machen. Schreiben Sie all die Fälle auf, in denen Sie in Eigenverantwortung nicht ausreichend gelernt oder einen Ausgleich zwischen Arbeit, Erholung und Privatleben vernachlässigt haben.

Übung 3

Nach den ersten zwei Übungen ist es Zeit, mit guten Vorsätzen in die Zukunft zu gehen. Formulieren Sie auf Basis der Erkenntnisse aus den ersten zwei Übungen 10 Sätze, in denen Sie definieren, in welchen Bereichen und auf welche Weise Sie mehr Verantwortung übernehmen möchten. Ein Beispiel wäre: „Ich lasse mich nicht mehr durch sich wiederholende Nachrichten in den Medien zu stark bei meinen Trading-Entscheidungen beeinflussen. Ich lese die Nachrichten einmal komplett und daraufhin lese ich nur die Updates zu den Nachrichten. Ansonsten berücksichtige ich auch die anderen Argumente und treffe meine eigenen Entscheidungen." Nehmen Sie sich vor, jede Woche oder jeden Monat einen Vorsatz mehr zu befolgen, bis Sie sich irgendwann an all Ihre Vorsätze halten und die komplette Verantwortung für alle Entscheidungen übernehmen.

Verantwortung zu übernehmen, fördert das selbstbestimmte Handeln. Wer sich klarmacht, dass er selbst für sein Denken und Handeln verantwortlich ist, wird sich **weniger vom Strom der Massen treiben lassen und individuelle Entscheidungen treffen**. Dies macht einen zu einem unabhängigen Trader und auch zu einem interessanteren Menschen. Denn wer individuelle Wege geht, hat meist mehr zu erzählen und lernt wesentlich mehr. Zudem führt eine solche Person ein **selbstbestimmtes Leben entlang der eigenen Überzeugungen**. Was man im Trading in Sachen Verantwortung lernt, wird sich wahrscheinlich auch in einem selbstbestimmten Privatleben niederschlagen.

#4: Pro- und Contra-Listen mit Gewichtung der Argumente

Listen mit Argumenten zu erstellen, hilft bei der Vermeidung vieler kognitiver Verzerrungen. Ob es nun die Filterung der präferierten Informationen ist, die man vermeiden möchte, oder ob man befürchtet, bei der Selbstreflexion den Hindsight Bias „zum Opfer zu fallen“: Wer auf einem Blatt Papier Notizen macht und sich an diese hält, wird leichter gute und rational verantwortbare Entscheidungen fällen.

Es wurde bereits auf das Führen eines Trading-Journals verwiesen. **Pro- und Contra-Listen können hervorragend ins Trading-Journal eingegliedert oder als Ergänzung zu diesem geführt werden**. Sie ermöglichen es, die Gründe für Entscheidungen zu reflektieren und aus den Erfahrungen auf effizientere Weise Lehren zu ziehen. Eine Pro-und-Contra-Liste wird in Form einer simplen Tabelle umgesetzt:

Pro	**Contra**
Argument 1	Argument 1
Argument 2	Argument 2
Argument 3	Argument 3
etc.	etc.

Falls es bei der jeweiligen Entscheidungsfindung sinnvoll ist, können die Pro- und Contra-Argumente, die jeweils gegensätzlich zueinander sind, einander in den Spalten gegenübergestellt werden. Bei einer besonders großen Menge an Argumenten kann es sinnvoll sein, die Argumente thematisch zu clustern und mehrere Tabellen zu erstellen.

Allerdings hat jede Pro-und-Contra-Liste, in der die Argumente lediglich aufgelistet werden, ein großes Defizit: Argumente, die wichtiger sind als andere, können in der großen Menge nämlich leicht übersehen werden. Fortgeschrittene Trader verwenden für Entscheidungsfindungen aus diesem Grund bevorzugt eine Pro-und-Contra-Liste mit Gewichtung. **Jedem Argument wird eine Gewichtung zugeordnet**, die dessen Relevanz bei der jeweiligen Entscheidung repräsentiert.

- Bei der Zuordnung von Gewichtungen kann beispielsweise mit einer Skala von 1 bis 10 gearbeitet werden.
- Argumente mit der höchsten Relevanz erhalten den Wert „10" und Argumente, die fast keine Rolle spielen, den Wert „1" zugeteilt. Den anderen Argumenten werden je nach ihrer Relevanz Werte zwischen 2 und 9 zugeteilt.
- Am Ende werden die Werte auf der Seite der Pro-Argumente und die auf der Seite der Contra-Argumente zusammengerechnet. Es ergeben sich zwei Gesamtpunktzahlen.
- Die Seite mit der höchsten Gesamtpunktzahl gibt vor, wie die Entscheidung ausfallen sollte: Bei mehr Punkten auf der Pro-Seite wird bei der Entscheidung positiv entschieden; also z. B. für den Kauf eines Wertpapiers.

Wenn dieser gesamte Prozess des Argumente-Sammelns und -Gewichtens schriftlich durchgeführt wird, hat das einen besonders vorteilhaften Effekt: **Schriftlich notierte Informationen werden vom Gehirn am effektivsten verarbeitet**, da man für Handschrift mehr Zeit aufwenden muss als für das Tippen der Informationen auf einem Laptop.

Übung

Wenden Sie die Pro-und-Contra-Liste mit Gewichtung der Argumente bei Ihren nächsten 10 Trading-Entscheidungen an. Probieren Sie diese Listen gern auch bei Entscheidungen in verschiedenen Bereichen Ihres Lebens aus. Bewerten Sie nach mehrfacher Anwendung, inwiefern Ihnen die Listen helfen oder nicht. Befassen Sie sich intensiv genug mit allen Argumenten und schließen Sie die Liste nicht zu schnell ab.

Abschließend sollte noch eines klargestellt werden: Sich eine Pro-und-Contra-Liste mit Argumenten eben mal vorstellen und dadurch die handschriftliche Arbeit ersetzen – das funktioniert nicht! Allein durch Überlegungen im Kopf lässt sich der Mehrwert, den eine in Handarbeit aufgeschriebene Pro-und-Contra-Liste hat, nicht reproduzieren. Prozesse der Entscheidungsfindung anhand von Pro-und-Contra-Listen gehören zu den besten Entscheidungsprozessen, die es gibt.

#5: Mit anderen Personen austauschen

Der Austausch mit anderen Personen kann eine Bereicherung sein. „Kann" – diese Formulierung rührt daher, dass es auch reichlich Personen gibt, die einen negativ beeinflussen und auf dem Weg zum erfolgreichen Trading ausbremsen. Ein paar hilfreiche Informationen wurden im ersten Kapitel bereits vermittelt. Hier nochmals eine **Zusammenfassung dazu, wie man sich ein förderliches Umfeld schafft**:

- Auf Messen und Veranstaltungen mit Bezug zum Trading nach Personen suchen, die sich für den Kapitalmarkt interessieren.
- Sowohl mit erfahrenen als auch unerfahrenen Tradern Kontakte pflegen, denn von beiden Gruppen kann man lernen.
- Gezielt in Communitys suchen, wie beispielsweise auf der Website www.tradingview.com.

Mithilfe dieser Hinweise lässt sich ein Umfeld aufbauen, das dem Trading gegenüber wohlgesonnen ist und einen nicht demotiviert. Zudem kann man von erfahrenen und erfolgreichen Tradern vieles über die Emotionskontrolle und technische Aspekte des Tradings lernen. Wenn man **in seinem Umfeld kognitive Verzerrungen vermeiden** möchte, sollte man beim Austausch mit anderen Personen **auf folgende spezielle Aspekte achten**:

I. Keine einseitigen Gespräche führen! Wenn eine Person immer wieder dieselben Themen bespricht und dabei keine neuen Inhalte vermittelt oder bei neuen Themen immer aus derselben Sichtweise argumentiert, steigt die Gefahr für kognitive Verzerrungen.
II. Auf differenzierte Sichtweisen achten! Die Gesprächspartner sollten stets Argumente vortragen. Man sollte bei den Gesprächspartnern auch sehen, dass sie diese hinterfragen und nicht nur Argumente nutzen, die der eigenen Sichtweise entsprechen. Undifferenzierte Äußerungen ebnen den Weg für kognitive Verzerrungen.

III. Offenheit gegenüber Neuem! Je offener man gegenüber neuen Strategien, Methoden und Denkweisen ist, umso mehr Möglichkeiten eröffnen sich im Trading und auch sonst im Leben. Gute Gesprächspartner begegnen verschiedenen Denkansätzen offen und unterhalten sich gerne darüber.

Ein guter Trader achtet idealerweise bei sich selbst ebenfalls auf diese Punkte. Denn wenn man einem abwechslungsreichen, plausibel argumentierenden und offenen Gesprächspartner begegnet, wird man sich nur dann mit diesem auf einer Wellenlänge bewegen, wenn man auch selbst die in den drei Stichpunkten geschilderten Anforderungen erfüllt.

#6: Die 3-Optionen-Methode zum Hinterfragen

Die 3-Optionen-Methode greift eine Technik aus dem ersten Kapitel auf. Im ersten Kapitel wurde zur Emotionskontrolle empfohlen, vor dem Treffen einer voreiligen und emotional gesteuerten Entscheidung ein Blatt Papier zur Hand zu nehmen und die möglichen negativen Konsequenzen aufzuschreiben. Auf diese Weise kann man sich die Abwärtsspirale, in die man aufgrund voreiliger Entscheidungen geraten kann, vor Augen führen und begreifen, welch eine negative Tragweite eine mangelnde Emotionskontrolle hat.

Bei der 3-Optionen-Methode werden ebenfalls die **Konsequenzen von Handlungen aufgeschrieben, nur ist diese Methode viel umfassender** als die Technik aus dem ersten Kapitel:

1. Wenn man sich nicht sicher ist oder vermutet, dass man bei einer Entscheidung durch eine kognitive Verzerrung beeinflusst wird, sucht man zwei Alternativen zur ersten Idee.
2. Nun schreibt man zu jeder der drei Optionen die Konsequenzen auf. Was kann passieren, wenn ich diesen Optionen folge? Hilfreich sind die folgenden Fragestellungen (Bolhoefer, 2022):
   a. Worin liegen die Vorteile der einzelnen Entscheidungen?
   b. Worin liegen die Gefahren der einzelnen Entscheidungen?
   c. Welche Gelegenheiten könnte ich bei den einzelnen Entscheidungen verpassen und wahrnehmen?
   d. Welche Möglichkeiten habe ich bei den einzelnen Entscheidungen, wenn etwas anders läuft als geplant?
3. Die Überlegungen anhand dreier Entscheidungsoptionen eröffnen neue Blickwinkel auf das Thema. Die Entscheidungsoption, bei der am Ende die meisten Vorteile zu Buche stehen, ist wahrscheinlich die richtige und gleichzeitig eine, die weitestgehend frei von kognitiven Verzerrungen ist.

Übung

Wenden Sie die 3-Optionen-Methode auf Ihre nächsten drei Trading-Entscheidungen und außerdem auf Ihre nächsten zwei Entscheidungen im Leben an. Bewerten Sie im Anschluss, inwiefern Ihnen diese Methode dabei hilft, neue Argumente für und gegen Entscheidungsoptionen zu finden. Wichtig außerdem: Schauen Sie, ob die Anwendung der 3-Optionen-Methode etwas an Ihrer ersten Idee ändert. Falls ja, dann ist das ein Zeichen dafür, dass Sie künftig möglichst viele Ihrer Entscheidungen mithilfe der Methode reflektieren sollten.

#7: Ursprung der Gedanken ergründen

Kognitive Verzerrungen können ihren Ursprung in Traumata haben. Sie können außerdem moralischen Grundwerten entspringen. Darüber hinaus ist es möglich, dass kognitive Verzerrungen aus übertriebenem Optimismus oder Pessimismus resultieren. Es gibt eine Vielzahl an möglichen Ursachen für kognitive Verzerrungen.

Ähnlich wie in der Medizin ist es auch bei der Behebung kognitiver Verzerrungen wenig effektiv, die Symptome zu behandeln. Wer sich langfristig und sicher seiner kognitiven Verzerrungen entledigen möchte, geht am besten der Ursache auf den Grund. Die Frage lautet also: Woher kommen die Gedanken, die meine Sichtweise (eventuell) verzerren?

Ein hilfreicher Ansatz, um die Ursache von kognitiven Verzerrungen aufzuklären, ist, **sich zu überlegen und aufzuschreiben, wann die kognitiven Verzerrungen außerhalb des Tradings vorkommen**. Vielleicht kommen die Verzerrungen immer dann vor, wenn man sich in einer neuen Situation befindet und sich unter Druck gesetzt fühlt. Ebenfalls **hilfreich ist es, sich Gedanken über besonders prägnante positive und negative Erlebnisse im Leben zu machen**. Manche Ereignisse geschehen nur einmal, aber sind derart stark, dass sie sich auf Anhieb im Unterbewusstsein festsetzen und Menschen ein Leben lang prägen; Psychologen bezeichnen dies als „Teachable Moments“.

Sobald der Ursprung der Gedanken ergründet ist, kann die Ursache mit den richtigen Maßnahmen behandelt werden. Wie mit unverarbeiteten negativen Erlebnissen als möglicher Ursache umgegangen wird, wurde in diesem Ratgeber bereits erläutert. Manchmal führt allein schon das Aufdecken einer Ursache dazu, dass die kognitive Verzerrung von selbst verschwindet, weil man sich schlagartig dessen bewusst wird, dass die Verzerrung absolut unnötig ist.

#8: 6-Hüte-Methode für differenzierte Gedankengänge

Die 6-Hüte-Methode des maltesischen Kognitionswissenschaftlers de Bono (1933 bis 2021) hilft dabei, **komplexe Sachverhalte aus verschiedenen Blickwinkeln zu beleuchten und besser zu lösen**. Darüber hinaus unterstützt die Methode dabei, kognitive Verzerrungen aufzulösen. Hierfür werden sechs sogenannte Denkhüte aufgesetzt und **jeweils unterschiedliche Denkprozesse angeregt**.

- Roter Hut: Subjektive und emotionale Perspektive
- Schwarzer Hut: Pessimistische und auf Risiken fokussierte Haltung
- Gelber Hut: Optimistische und auf Chancen besonnene Einstellung
- Grüner Hut: Kreativer und wertfreier Blickwinkel
- Blauer Hut: Strukturierter und ordentlicher Charakter
- Weißer Hut: Neutrale, objektive und analytische Sichtweise (Zec, 2020)

Es gibt verschiedene Arten der Durchführung bei der 6-Hüte-Methode. Wenn man diese Methode für sich allein durchführt, ist es sinnvoll, „sich den weißen Hut als Letztes aufzusetzen". Davor nimmt man die anderen fünf Perspektiven ein. **Pro Hut macht man sich ca. 5 bis 10 Minuten passend zur Beschreibung des**

jeweiligen Hutes Gedanken über das jeweilige Thema. Abschließend werden alle in den verschiedenen Perspektiven gesammelten Gedanken mit dem weißen Hut **auf neutrale, objektive und analytische Weise einer Bewertung unterzogen**.

Idealerweise führt man den gesamten Prozess, in dem die einzelnen Hüte zur Sprache kommen, nicht nur einmal durch, sondern macht 2 bis 3 Durchgänge. Dadurch wird eine Fülle an Ideen gesammelt. Zudem gibt man durch die vielen Durchgänge jedem der Hüte die Gelegenheit, auf die Ideen des anderen einzugehen. So führt man quasi eine **Unterhaltung mit sich selbst**. Am Ende der Methode steht idealerweise ein Fazit, das nicht einer kognitiven Verzerrung oder eigenen starren Denkmustern entstammt, sondern diese überwindet und die richtige Entscheidung liefert.

Tipp!

Auf lange Sicht wäre es zu aufwendig, vor jeder Trading-Entscheidung eine derart zeitintensive Methode wie die 6-Hüte-Methode anzuwenden. Glücklicherweise ist die Nutzung der 6-Hüte-Methode nicht langfristig nötig, sondern nur so lange, bis die kognitive Verzerrung nicht mehr vorhanden ist. Bis zu diesem Zeitpunkt sollten Sie die Mühe und Zeit in die Methode investieren. Dies wird sich langfristig lohnen, denn die Aufhebung kognitiver Verzerrungen erspart Ihnen eine Menge an finanziellen Verlusten und Misserfolgen beim Trading.

14 Weisheiten fürs (Trading-)Leben

Manchmal hilft ein treffendes Zitat mehr als eine monatelang durchgeführte Übung; vor allem dann, wenn das Zitat von einer auf dem Wertpapiermarkt berühmten Person stammt. Die folgenden 14 Zitate können Ihnen auf Ihrem individuellen Weg helfen.

Alle Zitate haben einen direkten oder indirekten Bezug zur Trading-Psychologie. So deutet beispielsweise das erste Zitat darauf hin, dass man die Vorhersagen der Börsenexperten (Stichworte aus diesem Kapitel: „Geschichten“ und „sich wiederholende Nachrichten“) nicht zu sehr glauben sollte, da sie die Wahrnehmung verzerren können.

Interpretieren Sie die folgenden 14 Zitate auf Ihre Weise und beziehen Sie Kraft daraus!

„Niemand war je in der Lage, die Börse vorherzusagen. Es ist eine totale Zeitverschwendung. In der von Forbes veröffentlichten Hitparade der Reichen der Welt war noch nie ein Börsentiming-Experte vertreten.“ – Peter Lynch

„Die Wirtschaft kann man nicht lehren, man muss sie selbst erleben und überleben.“ – André Kostolany

„Ich folge nicht blindlings jemandem. Folge dem Markt und versuche zu hören, was er dir sagt.“ – Jaymin Shah

„Ich glaube an die Analyse und nicht an die Prognose.“ – Nicolas Darvas

„Wenn Sie lernen, das Bedürfnis, im Recht zu sein, loszulassen, dann verliert das Unrecht allmählich seine Kraft, Sie zu stören." – Yvan Byeajee

„Trading-Anfänger denken darüber nach, wie viel Geld sie verdienen können. Profis denken darüber nach, wie viel Geld sie verlieren können." – Jack Schwager

„Wenn Sie bessere Ergebnisse als die breite Masse haben wollen, müssen Sie auch anders vorgehen als die breite Masse." – Sir John Templeton

„Die Zeit ist Ihr Freund. Der Affekt ist Ihr Feind." – John Clifton

„Es gibt eine Zeit, um long zu gehen, eine Zeit, um short zu gehen, und eine Zeit, um zu angeln." – Jesse Livermore

„In diesem Geschäft, wenn Sie gut sind, haben Sie in sechs von zehn Fällen recht. Sie werden niemals neun von zehn Mal recht haben." – Peter Lynch

„Wer den Verlust fürchtet, der kann keine Gewinne machen." – George Soros

„Einer Straßenbahn und einer Aktie darf man nie nachlaufen. Nur Geduld: Die nächste kommt bestimmt." – André Kostolany

„Wenn alle Aktien steigen, triffst du viele Leute, die glauben, sie seien begnadete Börsenexperten." – Peter Hohl

„Man hat weder recht noch Unrecht, weil andere derselben Meinung sind. Man hat recht, weil die Fakten stimmen und die Überlegungen folgerichtig sind." – Benjamin Graham

Säule 3

Struktur und Strategie im Trading

Dieses Kapitel ist ein Bindeglied zwischen Trading-Psychologie und Trading-Organisation. In die Organisation eines guten Tradings fließen vor allem die individuelle Zielsetzung und der Trading-Plan, der u. a. Strategien und Stop-Loss-Limits beinhaltet, ein.

Basierend auf der Trading-Organisation wird strategisch getradet und das Budget gemanagt. Gleichzeitig **beeinflusst die Qualität der Trading-Organisation die Trading-Psychologie**: Wer beispielsweise einen ungenauen Trading-Plan erarbeitet, wird eher dazu neigen, aus diesem Plan auszubrechen und emotional gesteuerte oder durch kognitive Verzerrungen beeinflusste Handlungen zu begehen.

Struktur und Strategie legen die Basis für ein unter psychologischen Gesichtspunkten einwandfreies Trading. Aufgrund des starken Zusammenhangs zwischen Trading-Psychologie und Trading-Organisation werden sich zwischen diesem und den vorigen Kapiteln mehrere Schnittpunkte ergeben. Dies eröffnet Ihnen die Möglichkeit, Verknüpfungen zwischen dem Gelernten herzustellen und dieses zu vertiefen.

10 Hinweise, um effektiv Ziele zu setzen und zu erreichen

Ohne Ziele irrt man durchs Leben. Ziele sind ein Grund, zu leben. Wer sich nicht mit den üblichen Zielen (z. B. genug Geld zum Leben verdienen, bis zur Rente arbeiten und zwischendurch ein bisschen Urlaub machen) zufriedengibt, hat mit dem **Trading eine Tätigkeit** ausgewählt, die einem die **Tore zur Erreichung besonderer Ziele** eröffnet. Ziele wie vollkommene berufliche Unabhängigkeit, finanzieller Wohlstand und ortsunabhängiges Arbeiten sind in der Welt des Tradings absolut im Bereich des Machbaren.

Doch welche Ziele sollte man sich beim Trading setzen, ohne zu riskieren, dass man sich überfordert oder unterfordert? Fragen wie diese werden im Folgenden beantwortet. Die nächsten 10 Hinweise helfen dabei, zum einen ein **Bewusstsein für die Bedeutung der Zielformulierung zu entwickeln** und zum anderen Ziele individuell attraktiv zu formulieren. Bei richtiger Zielformulierung sind die Voraussetzungen für eine hohe Motivation und ein langes Durchhaltevermögen optimal.

5 Gründe für eine wohldurchdachte Zielsetzung

Ohne eine wohldurchdachte Zielsetzung kommt es zu Problemen bei der Zielerreichung. Unter Umständen widersprechen sich die Ziele und man läuft Gefahr, beim Befolgen des einen Ziels das andere zu vernachlässigen. Zudem könnte das Problem auftreten, dass die Ziele nur sehr schwer oder gar nicht erreichbar sind, man sich dies aber nicht vergegenwärtigt und mit der Zeit durch das sich anbahnende Verfehlen der Ziele immer stärker demotiviert wird.

Die **möglichen Probleme bei der Zielsetzung sind ein Warnsignal**. Entsprechend wichtig ist es, sich mit den Gründen für eine wohldurchdachte Zielsetzung zu befassen.

#1: Ohne Ziele gibt es keine Leistungskontrolle

Aufgrund der Herausforderungen bei der effektiven Zielsetzung könnte man auf die Idee kommen, sich generell keine Ziele zu setzen. Auf den Trader bezogen, wäre folgendes Gedankenspiel denkbar: Der Trader sagt sich, dass er einige Bücher kauft und ein paar YouTube-Channels abonniert, um das Trading zu erlernen. Sobald er das Wichtigste erlernt hat, beginnt er mit dem Trading, wobei er kein eindeutiges Ziel definiert.

Sowohl für die Weiterbildung als auch für das Trading sind fehlende Ziele jedoch fatal. **In der Weiterbildung fehlt die Motivation, denn wer kein Ziel hat, kann sich Auszeiten erlauben**. Ohne Ziel ist es nämlich unklar, bis wann der Trader welche Fähigkeiten und welches Wissen erlangen muss. Als Folge dessen legt er öfter mehrere Tage Pause ein oder widmet der Weiterbildung jeden Tag nur ein paar Minuten seiner Zeit. **Im Trading bergen fehlende Ziele u. a. die Gefahr einer erhöhten Risikobereitschaft**, denn weil man sich nicht darauf festlegt, bis wann man welchen Gewinn generieren möchte, neigt man eher zu spontanen Entscheidungen, die der eigenen Trading-Strategie widersprechen.

Beispiel

Um die erhöhte Risikobereitschaft näher zu erklären: Ein Trader erzielt mehrere kleine Gewinne. Hätte er ein Ziel, würde er unter Umständen erkennen, dass es zur Zielerreichung ausreicht, die kleinen Gewinne fortzusetzen. Ohne dieses Ziel denkt er sich irgendwann: „Mensch, das ist ja eine mühsame Kleinarbeit! Ich möchte jetzt endlich mal einen höheren Gewinn haben." Er geht beim nächsten Trade ins Risiko und verliert sein Geld.

Ziele sind eine Orientierung. An dieser Orientierung wird die Trading-Strategie ausgerichtet. Zwar ist die Entwicklung und Nutzung von Strategien auch ohne Zielformulierung möglich, jedoch fehlen ohne Ziele die Gründe, um sich konsequent an Strategien zu halten. Ziele sind dadurch nicht nur die Wegbereiter für die Entwicklung von Strategien, sondern ebenso die **Wegbereiter für Disziplin und Durchhaltevermögen**. Deswegen ist es wichtig, Ziele zu definieren.

#2: Vermeidung von Widersprüchen

Nachdem nun geklärt ist, weswegen die Zielformulierung überhaupt wichtig ist, wird in diesem und den nächsten 8 Hinweisen darauf eingegangen, wie – also auf welche Weise – Ziele formuliert werden sollten. Am wichtigsten ist dabei die Vermeidung von Widersprüchen.

Wer beispielsweise eine grundsätzlich negative Haltung zum Kapitalmarkt hat, sollte gar nicht erst mit dem Trading beginnen.

Eine **Geisteshaltung, die einen davon abhält, sich seriös und konsequent am Trading zu versuchen**, ist eine enorme Blockade. Abgesehen von einer negativen Geisteshaltung ist Desinteresse fürs Trading ebenfalls ein Grund, gar nicht erst damit zu beginnen. Auch wenn diese beiden Aspekte selbstverständlich klingen mögen, gibt es immer wieder Personen, die sich Lehrmaterial anschaffen und ein Depot eröffnen, weil sie beruflich verzweifelt sind, aber nicht, weil sie sich fürs Trading interessieren – dies ist der falsche Ansatz!

Abseits dieser deutlichen Widersprüche bei Zielformulierungen gibt es andere Arten von Widersprüchen. Man nehme als Beispiel eine Person, die grundsätzlich am Trading interessiert ist, aber **derzeit zu viele andere Ziele** hat. Dieser Person ist es wichtiger, zuallererst im Hauptberuf die Beförderung zu erreichen, dann ihrem Bruder bei einer langwierigen privaten Angelegenheit zu helfen und außerdem im Vereinsfußball die Saison gut zu beenden. Angesichts der intensiven Zielsetzungen in anderen Bereichen würde das Trading den Rahmen sprengen. In diesem Fall würden sich die Handlungsziele widersprechen oder zumindest gegenseitig im Wege stehen. Die Person sollte den Beginn des Tradings verschieben, bis sie die anderen Dinge erledigt hat.

#3: Vermeidung von Demotivation

Demotivation tritt bei unrealistischen Zielformulierungen ein. Ein Beispiel ist die Formulierung schwer erreichbarer Ziele. Es wäre vermessen, zu erwarten, dass man im ersten Trading-Monat seinen Depotstand verdoppelt. Dies mag zwar für sehr erfahrene

Trader ein realistisches Ziel sein, aber für einen Trading-Anfänger ist es zu ambitioniert.

Tipp!

Wer sich nicht sicher ist, kann in den ersten Wochen ohne Zielformulierung traden und schauen, wie gut es läuft, um daraufhin realistische Ziele festzulegen.

Wenn Ziele schwer oder kaum erreichbar sind, ist die Wahrscheinlichkeit hoch, dass man bereits nach wenigen Tagen merkt, dass man das Ziel verfehlen wird. Entweder man bäumt sich noch kurz auf oder gibt direkt auf. Es folgt mit der Zeit eine **zunehmende Demotivation**. Damit einhergehend sinkt die Konsequenz in der Weiterbildung und im Trading. Schlimmstenfalls wird man ungeduldig und beginnt, bei den Trades ein höheres Risiko einzugehen, was in Verlusten endet.

#4: Entwicklung von Visionen

Visionen sind im Gegensatz zu Zielen weniger konkret. Eine Vision kann ein Bild sein, das ein beginnender Trader von seiner Zukunft vor Augen hat: Er sieht sich, wie er ortsunabhängig als erfolgreicher Trader von jedem Ort der Welt Geld verdient und eine großartige Work-Life-Balance hat, weil er nicht mehr als wenige Stunden pro Tag arbeiten muss. Diese Vision ist gleichzeitig ein übergeordnetes Ziel, man könnte sie auch als Traum bezeichnen.

Visionen haben eine ungeheure Macht, denn sie sind Idealvorstellungen der Zukunft. Die Verwirklichung einer Vision ist im Leben von großer Bedeutung. Visionen dürfen groß sein und schwer erreichbar erscheinen, denn für Visionen gelten andere Regeln als für Ziele. Weil Visionen eine große Bedeutung haben, geht von ihnen in der Regel eine enorm motivierende Wirkung aus.

Visionen spielen in der Zielformulierung eine wichtige Rolle, denn sie dienen als Grundlage dafür, um die kurz- und mittelfristigen Ziele – also die Etappenziele – zu formulieren. Auf Etappenziele wird in den Abschnitten unter *5 Schritte, um Ziele richtig zu formulieren* eingegangen.

#5: Einzelne Erfolge vergegenwärtigen

Ein weiterer Grund, um wohlüberlegte Ziele zu formulieren: **Bei einer Auswahl realistischer Ziele werden die meisten Ziele erreicht**. Das damit einhergehende Bewusstsein für die eigenen Erfolge steigert die Zuversicht, die Stimmung und die Motivation. Um Ziele zu erreichen und regelmäßige Erfolgserlebnisse zu verbuchen, sollte man **mit den bereits erwähnten Etappenzielen arbeiten**.

Etappenziele charakterisieren sich dadurch, dass sie schneller als große Ziele erreicht werden. Beispielsweise erstrecken sich Etappenziele im Gegensatz zu größeren Zielen nicht über Monate oder Jahre, sondern über wenige Wochen oder sogar nur Tage. Durch das Erreichen von Zielen binnen weniger Wochen bzw. Tage registrieren Trader, dass sie voll in ihrem Zeitplan liegen. Dies ist ein **wertvolles Feedback an sich selbst, das zeigt**: „Alles läuft nach Plan, ich komme mit kleinen Schritten meiner großen Vision immer näher."

5 Schritte, um Ziele richtig zu formulieren

Mithilfe der folgenden 5-Schritte-Anleitung sichern sich angehende Trader zunächst ab, ob es ihnen in ihrem individuellen Leben tatsächlich etwas bringt, mit dem Trading zu beginnen. Manchmal entspringt die Idee, zu traden, einer falschen Vorstellung davon und passt nicht zu dem, was man sich für das eigene Leben wünscht.

Um sicherzugehen, dass das Traden Sie wirklich in Hinblick auf Ihre Lebensziele voranbringt, gibt es Schritt 1 in der folgenden Anleitung. Die darauffolgenden 4 Schritte dienen der **Formulierung einer Vision, von der Sie begeistert sind** und für die Sie brennen. Zudem erfahren Sie in der folgenden Anleitung, **wie Ziele konkret, messbar und attraktiv formuliert** und auf die Vision abgestimmt werden.

#1: Über den Sinn des Lebens nachdenken

Ja, es ist klar: Man tradet, um Geld zu verdienen. Oder, um berufliche Unabhängigkeit zu erlangen. Man spielt Basketball, um Spaß zu haben. Man macht dies und jenes, weil man Lust darauf hat. Doch in einer Idealvorstellung, in der Menschen auf eine Vision hinarbeiten, machen sie die Dinge aus einem bestimmten Grund: **Selbstverwirklichung**. Sie möchten ein Leben entlang der eigenen Überzeugungen und Grundsätze führen, auf das Sie stolz sind. Dabei möchten Menschen in Selbstbestimmung agieren. Um eine eigene Vision zu entwickeln und zu erfahren, ob das Trading überhaupt ein Bestandteil dieser Vision ist, ist es zuallererst **wichtig, dass Sie über den Sinn Ihres Lebens nachdenken**.

Übung

Nehmen Sie sich eine Woche lang täglich für mindestens eine halbe Stunde Zeit und schreiben Sie auf einem Blatt Papier Ihre Gedanken zu den folgenden Fragen auf:

- Was will ich in meinem Leben erreichen?
- Wozu lebe ich überhaupt?
- Bin ich mit meinem Leben, wie es jetzt ist, zufrieden?
- Wie sieht meine Idealvorstellung davon aus, wie ich künftig jeden Tag lebe?
- Sehe ich mich mein Leben lang an einem Ort oder eher ortsunabhängig?
- Welche Glaubensgrundsätze und moralischen Werte sind mir wichtig?
- Wie fühle ich mich in den verschiedenen Situationen meines Alltags?

Falls Ihnen tagsüber spontan Gedanken zu diesen Fragen kommen, machen Sie sich dazu ein paar Notizen, um daraufhin im Rahmen Ihrer täglichen Sitzungen genauer über diese Gedanken zu reflektieren.

Wenn Sie merken, dass das **Trading Ihnen dabei hilft, Ihren Sinn des Lebens schneller zu erreichen** (z. B. Zusatzverdienst zum eigentlichen Beruf, um Ihre Hobbys besser finanzieren zu können), oder gar ein fester Bestandteil Ihres Lebenssinns ist (z. B. dauerhaft ortsunabhängig Geld verdienen), ist es sinnvoll, dass Sie sich mit dem Trading beschäftigen, eine **dazu passende Vision kreieren und Ziele dazu formulieren**.

Es ist denkbar, dass Sie sich über den Sinn des Lebens noch nicht im Klaren sind. In diesem Fall ist es trotzdem sinnvoll, sich mit dem Trading zu befassen, wenn Sie genug Zeit dafür haben und sich dafür prinzipiell interessieren. Trading kann nämlich zu einem ortsunabhängigen Verdienst verhelfen, eignet sich zum Training der Emotionskontrolle und ist eine Form der Weiterbildung – dementsprechend handelt es sich um einen generell sinnvollen Zeitvertreib.

#2: Eine Vision entwickeln

Wenn Trading dazu beiträgt, Ihren Sinn des Lebens zu fördern, sollte es Ihnen leichtfallen, eine dazu passende Vision zu entwickeln. Die **Vision ist eine Idealvorstellung davon, wie Ihre Zukunft aussieht**. Damit diese Vision Ihnen bei der Zielformulierung und beim Erreichen der Ziele hilft, muss eine Vision erschaffen werden, deren fester Bestandteil das Trading ist. Ein Beispiel:

- Eine Person strebt danach, ein ortsunabhängiges Leben zu führen.
- Diese Person könnte sich nun vorstellen, wie sie sich am Strand mit einem Cocktail entspannt. Allerdings fehlt in dieser Vision der Bezug zum Trading, weswegen die Vision keine konkrete Motivation ist, die Trading-Ziele zu erreichen.
- Besser ist eine Vision, in der sich die Person vorstellt, wie sie morgens bis mittags am Strand ein paar Stunden lang ihre Trades macht und dann den Rest des Tages in bester Gesellschaft mit viel Spaß und Entspannung verbringt.

Das Ziel ist also, sich die ideale Zukunft vorzustellen und **in dieser Vorstellung zu konkretisieren, welchen Beitrag das Trading zur idealen Zukunft leistet**. Hierzu sollte die Vision nicht nur aus einem Bild, sondern aus mehreren Bildern in den Gedanken bestehen.

Übung

Erschaffen Sie Ihre Vision. Nehmen Sie dabei Bezug darauf, wie das Trading Ihnen dazu verhilft, den Sinn Ihres Lebens zu verwirklichen. Gern können Sie dabei die in Kapitel 2 erwähnte Visualisierung als Methode verwenden. Visualisierungen eignen sich nicht nur zur Überwindung von Denkfehlern, sondern unterstützen außerdem dabei, die eigene Vision zu stärken. Sie können auf einem Blatt Papier eine Collage davon anfertigen, wie Sie z. B. am Strand traden und dann den Rest des Tages genießen, oder Sie nutzen einfach Ihre Vorstellungskraft, um in Ihren Gedanken visionäre Bilder entstehen zu lassen.

Üben Sie die Anwendung dieser Vision mehrmals. Hierfür sollten Sie sich täglich einige Minuten Zeit nehmen. Um motiviert in den Tag zu starten und von der ersten Minute an die Pläne für den Tag konsequent durchzuziehen, ist es hilfreich, sich die eigene Vision jeden Morgen vor Augen zu führen. **Versuchen Sie, die Vision mit positiven Emotionen zu koppeln**; so erschaffen Sie sich einen Anker, den Sie in Phasen, in denen Sie Zweifel plagen, nutzen können, um Stärke wiederzuerlangen.

#3: Konkrete Etappenziele festsetzen

Zur Zielformulierung nutzen viele Unternehmen und Einzelpersonen die **SMART-Methode**. Demnach sollten Ziele **spezifisch, messbar, attraktiv, realistisch und terminiert** sein. Zunächst soll auf die spezifische Formulierung eingegangen werden: Keine gute Zielformulierung ist, man wolle „mit dem Trading mehr Geld verdienen". Ebenso ungut ist das Ziel, man wolle sich „jede Woche ein bisschen weiterbilden". Diese Zielformulierungen sind nicht konkret und daher nicht messbar.

Im Endeffekt kann schon ein Euro zusätzlicher Verdienst zur Zielerreichung, „mit dem Trading mehr Geld verdienen" zu wollen, ausreichen. Dies entspricht aber nicht wirklich einer Entwicklung, die einen selbst begeistert und zum Dranbleiben motiviert. Bessere Zielformulierungen sind beispielsweise:

- „Ich möchte ab dem 1. Mai dieses Jahres monatlich 150 Euro mit Trading verdienen."
- „Ich lerne jede Woche drei neue Chartformationen."
- „Ich übe jeden Tag die Anwendung einer Chartformation an fünf Kursverläufen in meinem Demo-Depot."

Diese Zielsetzungen sind konkret und messbar. Man sieht beispielsweise in der Mitte der Woche, wenn man noch keine neue Chartformation erlernt hat, dass man im Zeitplan hinterherhinkt. **Durch die Dringlichkeit motiviert man sich** eher dazu, möglichst zeitnah mit dem Lernen zu beginnen.

Zur Attraktivität von Zielen gilt: Ziele sollen fordern, aber nicht überfordern. Im Optimalfall definieren Trader ihre Ziele so, dass sie diese im gesetzten Zeitrahmen ohne Hetze erreichen, aber trotzdem einiges an Zeit und Mühe investieren müssen. Ohne fordernde Ziele werden die Fortschritte zu langsam erzielt. Eine weitere Anforderung ist die Abstimmung der Ziele auf die Vision. Mit diesem Aspekt wird nun fortgefahren.

#4: Ziele an die Vision anpassen und hierarchisch gliedern

Selbstverständlich müssen die Ziele zur Vision passen. Da eine Vision ein übergeordnetes Ziel und derart groß ist, dass die Verwirklichung in der Regel mehrere Jahre in der Zukunft liegt, ist die **Formulierung von Etappenzielen unerlässlich**. Diese sollten **hierarchisch gegliedert** sein in Ober- und Unterziele. Ein Beispiel hierfür:

- Die Vision ist, mit Trading in 10 Jahren hauptberuflich Geld zu verdienen.
- Bei einem derart langfristigen Ziel ist es nicht möglich, alle Zwischenziele präzise zu benennen und zu terminieren. Doch man kann sich Gedanken machen, was man auf dem Weg zur Vision braucht.
- Ein **Beispiel für eine erforderliche Ressource ist das Fachwissen**. Um sich dieses anzueignen, braucht man u. a. Kenntnisse über die technische Chartanalyse und über die Strategien des Tradings.
- Der angehende Trader entscheidet sich, zunächst die Etappenziele zum Erlangen des Fachwissens zu formulieren. Er stellt sich einen Plan zusammen, um die Chartmuster und dann weitere Aspekte zu erlernen.

- Er definiert das Ziel, jede Woche zwei neue Chartmuster zu erlernen und deren Anwendung zu üben. Hieraus leitet sich ab, dass der Trader z. B. nach 20 Wochen alle Chartmuster beherrschen soll.
- In diesem Beispiel ist das Erlernen aller Chartmuster das übergeordnete mittelfristige Ziel, während die pro Woche erlernten Chartmuster die kleineren Etappenziele sind.

Um die Etappenziele und mittelfristigen Ziele an die Vision anzupassen, machen Sie sich **zuallererst Gedanken darüber, was Sie alles zur Verwirklichung der Vision brauchen**. Nach diesen Überlegungen können Sie die Ziele in Themenbereiche (z. B. Erfahrung, Übung, theoretisches Wissen, psychologische Fähigkeiten) unterteilen. Daraufhin definieren Sie für jeden der Themenbereiche kleinere Ziele und terminieren diese.

Bei dieser Vorgehensweise könnte sich herausstellen, dass die Vision schneller zu erreichen ist, als Sie zuvor gedacht haben. Dies ist ein gutes Zeichen. Trotzdem sollte es Sie nicht dazu verleiten, die Fristen für die Etappenziele und mittelfristigen Ziele zu eng zu definieren.

Übung

Wenden Sie den geschilderten Ablauf auf Ihre Vision an, um kleine sowie größere Etappenziele zu definieren und diese zu terminieren. Schreiben Sie die Ziele und die Fristen auf ein Blatt Papier und gliedern Sie diese hierarchisch. Beispielsweise könnten Sie jedes mittelfristige Ziel auf ein Blatt Papier schreiben und darunter als Stichpunkte in chronologischer Reihenfolge die kleineren Etappenziele notieren.

#5: Fortschritt dokumentieren

Durch die Dokumentation des Fortschritts führen sich Trader vor Augen, wie sie ihrer Vision immer näher kommen. **Jedes erreichte Ziel sollte dokumentiert werden**. Wer es sich einfach machen möchte, hakt das Ziel einfach in einer Liste ab. Visuell anregender und damit auch motivierender sind Diagramme. **Ein Fortschrittsbalken, der durch jedes erreichte Etappenziel voller wird, ist ein gutes visuelles Mittel**.

- Wenn ein Trader beispielsweise das Ziel hat, alle Chartformationen zu lernen, kann er pro erlernte Formation den Fortschrittsbalken auffüllen.
- Sobald alle Chartformationen erlernt sind, ist der Balken komplett gefüllt.
- Für andere Lernziele werden ebenfalls Balken genutzt. Mit jedem Fortschritt bei einem Lernziel wird der zu diesem Lernziel gehörende Balken voller.

Wenn sich ein Trader ein Plakat mit acht Fortschrittsbalken im Bürozimmer aufhängt und sieht, wie die Balken von Woche zu Woche voller werden, weil er am Ball bleibt und sich konsequent weiterbildet, wird er mit Sicherheit motiviert sein und seinen Fortschritt besser wahrnehmen, als wenn es keine solche Sichtbarmachung gäbe.

7 Hinweise für einen strukturierten Trading-Plan

> „Ein Trading-Plan ist ein Gesamtplan, der sämtliche Aspekte Ihrer Handelsziele, Ihrer Motivation und Ihres Risikoverhaltens bis hin zu Regeln des Risiko-Managements und Analysen vergangener Handelsgeschäfte umfasst. Er sollte sowohl

Ihre Strategien als auch Ihre Selbstverpflichtung zum Führen eines Tagebuchs beinhalten.“ (ig.com, 2024)

Sobald mithilfe der letzten 10 Hinweise Ziele definiert wurden, kann ein Trading-Plan erarbeitet werden. Ein Trader, der z. B. die Vision hat, ein absoluter Trading-Experte zu werden und sämtliche Strategien sowie Techniken des Tradings zu beherrschen, wird einen besonders umfassenden Trading-Plan erarbeiten müssen. Er wird sich in seinem Plan nicht auf einzelne Handelsplätze und Wertpapierarten beschränken können, sondern erlernen müssen, an allen Börsen zu jeder Zeit und mit allen Wertpapierarten – von Aktien über Futures bis hin zu CFDs – zu traden.

Demgegenüber kann sich ein Trader, der lediglich nebenberuflich pro Monat ein paar hundert Euro dazuverdienen möchte, auf das Trading mit einer Wertpapierart an einem Markt spezialisieren. Zudem kann er sich auf eine Strategie, wie beispielsweise Scalping, festlegen und muss nicht mehrere Trading-Strategien in seinen Plan einbeziehen. Letzteres ist bei einer Person, die Trading-Experte werden möchte, anders, denn Experten müssen sich mit allen Strategien auskennen.

Die eigenen Ambitionen und die **eigenen Zielsetzungen beeinflussen also die Erstellung eines Trading-Plans immens**. Da es keine Vorlage für einen perfekten Trading-Plan gibt und auch keine einheitliche Anleitung, wie ein Trading-Plan erstellt werden sollte, folgen nun 7 kompakte Hinweise, mit deren Unterstützung ein guter Trading-Plan erstellt werden kann.

Argumente für die Erstellung eines Trading-Plans gibt es genug, denn dieser verleiht dem eigenen Handeln noch mehr Struktur und eine klare Richtung. Wer einem Plan folgt, kommt mit geringerer Wahrscheinlichkeit in Situationen, in denen er nicht mehr weiterweiß. Darüber hinaus umfasst ein Trading-Plan Strategien, denen man folgt, und er beinhaltet die Stop-Loss- sowie Take-Profit-Marken. Dadurch ist der **Trading-Plan eine wichtige Komponente der Emotionskontrolle**. Außerdem beinhaltet der Trading-Plan laut der eingangs zitierten Definition die Pflicht zur Führung eines Tagebuchs, wodurch er die **Selbstreflexion unterstützt**. Somit erleichtert der Trading-Plan mehrere Prozesse des Tradings und die Entscheidungsfindung. Er hat also in vielerlei Hinsicht Einfluss auf den individuellen Erfolg.

#1: Die 5 Schlüsselfragen stellen und beantworten

Bei der Erarbeitung eines Trading-Plans gibt es 5 Schlüsselfragen, die man sich möglichst konkret und unmissverständlich beantworten sollte. Es handelt sich hierbei um die folgenden 5 Fragen:

- Was ist meine Motivation fürs Trading?
- Wie risikofreudig oder -scheu bin ich?
- Wie viel Zeit möchte ich dem Trading widmen?
- Über wie viel Erfahrung und Kenntnisse im Trading verfüge ich?
- Welche Präferenzen habe ich (z. B. bestimmte Märkte oder Wertpapierarten)?

Einige dieser Fragen haben Sie sich bereits im Verlauf dieses Ratgebers gestellt. Sich wiederholende Fragen zeigen, wie sehr emotionale, strategische und organisatorische Aspekte des Tradings miteinander verknüpft sind. Zögern Sie nicht, sich **über Fragen, die sich in diesem Ratgeber mehrmals wiederholen, häufiger Gedanken zu machen**. Meist sind diese Fragen besonders wichtig, wie etwa die Frage nach der Motivation fürs Trading.

Tipp!

Die Motivation macht die Einstellung aus. Wer die richtige Einstellung hat, kann Defizite in der Zeitplanung oder in der Erfahrung kompensieren, doch wer von vornherein mit der falschen Einstellung ans Trading herangeht, wird es selbst bei perfekter Zeitplanung und mit viel Erfahrung nicht schaffen, langfristig im Trading erfolgreich zu sein. Vergewissern Sie sich daher Ihrer Motivation und stellen Sie sich am besten täglich die Frage, ob das, was Sie beim Trading oder generell in Ihrem Leben tun, wirklich Ihren Wünschen entspricht.

#2: Persönliche Risikoklassen definieren

Obwohl man sich die Risikominimierung zum Ziel setzt, bedeutet es nicht, dass man im Trading gar keine Risiken eingehen darf. Da jeder Trade Risiken aufweist, ist es sogar eine utopische Vorstellung, risikofrei zu traden. Vielmehr ist das **Bewusstsein fürs Risiko wichtig**, denn nur wer sich der Risiken bewusst ist, kann Verluste als natürlichen Bestandteil des Tradings akzeptieren und vermeiden, dass er die Kontrolle über seine Emotionen verliert.

Je höher das Risiko ist, umso höher sind die Gewinnchancen. Erfahrene Trader haben einen Riecher für hohe Risiken, die es wert sind, sie einzugehen. Sie haben im Vergleich zu beginnenden Tradern eine etwas höhere Risikobereitschaft. Als Folge dessen gehen sie öfter ins Risiko und verlieren auf der einen Seite etwas öfter, haben auf der anderen Seite aber Trades mit außerordentlich hohen Gewinnen. Ob es nun richtig ist, der eigenen Intuition zu folgen und hin und wieder höhere Risiken einzugehen, muss jeder Trader für sich selbst herausfinden. Beginnende Trader sollten zunächst vorsichtig agieren und **riskante Trades am Demo-Depot üben**.

Für ein gutes Risikomanagement ist es vorteilhaft, **individuelle Risikoklassen zu definieren**. Diese können sich mit zunehmender Erfahrung verändern. Trading-Anfänger arbeiten anfangs idealerweise mit geringen Risikoklassen, wie beispielsweise:

- Sehr geringes Risiko: 0,5 % des gesamten Trading-Budgets
- Geringes Risiko: 2 % des gesamten Trading-Budgets
- Mittleres Risiko: 4 % des gesamten Trading-Budgets

Mit zunehmender Erfahrung und kontinuierlichen Erfolgen können die Grenzen für die in der Aufzählung genannten Kategorien z. B. auf 2 %, 4 % und 8 % angehoben und eine weitere Kategorie „hohes Risiko“ mit 10 % des gesamten Trading-Budgets eingeführt werden. Im Trading-Plan sollte man festhalten, wie viel man in den einzelnen Kategorien traden möchte, und sich daran halten.

#3: Auf Trading-Strategie festlegen

Die in Kapitel 1 erläuterte Trading-Strategie sollte zu einem festen Bestandteil des Trading-Plans gemacht werden. In dem Kapitel heißt es zudem: „Die Entwicklung einer Trading-Strategie setzt voraus, dass man sich ein Ziel setzt.“ Mit den Inhalten aus diesem dritten Kapitel setzen Sie sich **mehrere gründlich überlegte Ziele, an denen Sie Ihre Strategien ausrichten können**.

Bei dem Wunsch nach einem geringen Risiko ist z. B. das Scalping eine gute Strategie, da hier die Positionen jeweils nur für wenige Sekunden gehalten werden. Informieren Sie sich über die verschiedensten Strategien (die Erläuterung von Strategien ist kein Bestandteil dieses Ratgebers mit Fokus auf Trading-Psychologie; Anm.) und **wählen Sie die zu Ihren Risikoklassen und Zielen passenden Strategien aus**. Verfolgen Sie anschließend die ausgesuchten Strategien konsequent. Abweichungen von den Strategien sind zunächst am Demo-Depot zu üben, um den Sinn und die Risiken der Abweichungen bestmöglich bemessen zu können.

#4: Ein- und Ausstiegsregeln für Trades definieren

Bestandteil eines Trading-Plans ist das Money-Management. Hierbei sind die Ein- und Ausstiegsregeln für Trades relevant. Der Einstiegszeitpunkt für einen Trade sollte anhand der in Chartformationen enthaltenen Kaufsignale getimt werden.

Die **Stop-Loss-Limits werden anhand der individuellen Risikoklassen definiert**. Wenn ein Trader erfahren und bereit ist, bis zu 10 % seines für einen Trade eingesetzten Kapitals zu riskieren, kann er das Stop-Loss-Limit bei einem Kursverlust von 10 % ansetzen. Dies wäre ein hohes Risiko. In der Regel sind Stop-Loss-Limits von 1 bis 3 % üblich. **Falls der Kurs zulegt, sollte das Stop-Loss-Limit automatisch nach oben korrigiert werden**. Dies funktioniert wie folgt (atas.net, 2024):

- Ein Trader macht einen Trade mit einem Budget von 140 Euro. Er setzt das Stop-Loss-Limit auf 133 Euro, was 5 % von 140 Euro entspricht.
- Er definiert den Trailing Stop mit „8“ und den Trailing Step mit „4“. Das bedeutet, dass immer, wenn der Wert der gekauften Wertpapiere um 8 Euro steigt, das Stop-Loss-Limit automatisch um 4 Euro erhöht wird.
- Bei einem Kurs von 156 Euro läge das Stop-Loss-Limit somit bei 141 Euro. Diese Automatisierung der Stop-Loss-Absicherung hilft dem Trader, mit dem Trend zu traden.

Die Ausstiegsregeln für einen Trade müssen ebenfalls definiert werden. Zum einen sollte man hierzu die **Verkaufssignale aus der Chart-Theorie beachten**, zum anderen kann man für sich selbst Kurswerte definieren, ab denen man mit dem Gewinn zufrieden ist und verkauft.

#5: Regeln für die Dokumentation der Trades festlegen

Erfolgreiche Trader sind Meister der Dokumentation. Sie haben feste Regeln, wie und wann sie Trades dokumentieren. Auf dem Markt gibt es verschiedene Trading-Journals, die man sich zur Dokumentation der Trades kaufen kann. Darüber hinaus werden **im Internet kostenlose Vorlagen zum Download** angeboten; eine hiervon ist unter trading.de/tools/journal zu finden.

Viele der Vorlagen und Trading-Journals haben den Nachteil, dass zur Dokumentation der Trades lediglich eine Tabelle bereitgestellt wird. Die Vorlage unter trading.de/tools/journal ist z. B. nur eine Excel-Tabelle, in der weder Visualisierungen noch ausführliche Kommentare Platz finden. Ein gutes Tagebuch, das eine detaillierte Dokumentation von Trades ermöglicht, charakterisiert sich dadurch, dass darin **Bilder der Kursverläufe eingefügt werden können**, in die die Chartformationen eingezeichnet sind, die Sie als Grundlage für Ihre Trading-Entscheidungen verwenden. Zudem ist es wichtig, dass das Trading-Tagebuch reichlich Platz bietet, um die Emotionen und Gedanken auszuformulieren, die Sie rund um einen Trade haben.

Ein Tagebuch, das die geschilderten Kriterien erfüllt, fertigen Trader am besten selbst an. Hierzu kaufen Sie einfach einen **College-Block** und tragen in diesen **alle Aspekte, die die eigenen Trades beeinflusst und als Grundlage für Entscheidungen gedient haben**, ein. Diese Art der Dokumentation sollte zu einem Ritual werden. Die Dokumentationen im Tagebuch sollten direkt nach einem Trade vorgenommen werden – nicht erst am Abend, wenn man bereits die Hälfte der Argumente für eine Trading-Entscheidung vergessen hat.

#6: Selbstreflexion planen

Die Selbstreflexion beinhaltet nicht nur die Überlegung, ob man bei einem bestimmten Trade richtig gehandelt oder eine Fehlentscheidung begangen hat. In die Selbstreflexion fließen auch Fragestellungen ein, wie beispielsweise diese:

- Macht mir das Trading nach wie vor Spaß?
- Komme ich mit der Theorie gut voran und lerne ich nach Plan?
- Liegen mir die ausgewählten Strategien oder sollte ich etwas ändern?
- Habe ich meine Emotionen unter Kontrolle?

Im Grunde genommen umfasst die Selbstreflexion **alle Aspekte, die in irgendeinem Zusammenhang mit dem Trading stehen**. Man kann sich Fragen stellen wie „Was hat mich heute besonders betrübt oder erfreut?“ oder „Worüber musste ich heute auffällig oft nachdenken?“ und warten, welche Antworten erscheinen. Diese Gedanken bringt man zu Papier. Trader, die über sich wissen, dass die geringe Emotionskontrolle ihre Schwäche ist, sollten **verstärkt über ihre Emotionen reflektieren**, die Mittel aus dem ersten Kapitel zur Emotionskontrolle ausprobieren und über ihre Fortschritte bei der Emotionskontrolle reflektieren.

Die Selbstreflexion sollte zumindest an den Tagen praktiziert werden, an denen man tradet. Grundsätzlich spricht aber nichts dagegen, sich jeden Abend eine halbe Stunde Zeit zur Selbstreflexion zu nehmen und über das gesamte Leben zu reflektieren. Denn wer nicht generell zufrieden ist mit seinem Leben, wird Probleme haben, mit dem Trading voranzukommen. **Im Trading-Plan soll verbindlich terminiert sein**, an welchen Tagen um wie viel Uhr man sich zur Selbstreflexion Zeit nimmt und welche Fragen man sich dabei stellt.

#7: Pausen und Maßnahmen zur Work-Life-Balance einführen

Im Trading-Plan könnte festgehalten werden, dass man **beim Trading alle 30 bis 45 Minuten für mindestens 5 Minuten eine Pause macht**. Diese oder eine vergleichbare Regelung trägt zum Erhalt der Leistungsfähigkeit bei. Wer keine Pausen macht, verliert mit der Zeit an Fokus und begeht eher Fehlentscheidungen. Abgesehen von der Pausenzeit ist es sinnvoll, im Trading **ein Ritual für die Pause**

zu bestimmen. Dieses kann beispielsweise das Sitzen in einer komplett ruhigen und abgeschotteten Umgebung sein oder die Durchführung einiger Gymnastikübungen. Auf keinen Fall sollten Sie in den Pausen Telefonate führen, den beruflichen E-Mail-Account checken oder sich anderweitig anderen Aufgaben widmen.

Falls Ihnen der Ausgleich zur Arbeit besonders wichtig ist, **halten Sie im Trading-Plan Maßnahmen zur Work-Life-Balance fest**. Ein Beispiel hierfür ist die Festlegung einer komplett bildschirmfreien Zeit; so könnten Sie z. B. festhalten, dass Sie **zwischen 22 Uhr und 8 Uhr kompletten Abstand zu digitalen Endgeräten nehmen** und Bücher lesen oder einer anderen Aktivität nachgehen, bevor Sie sich schlafen legen.

Diese Erläuterungen zeigen, dass der Trading-Plan nicht nur ein Trading-Plan ist, sondern mehr **Struktur in das gesamte Leben bringt**. Dies ist insofern sinnvoll, als das Trading durch den sonstigen Alltag beeinflusst wird und selbst ebenfalls einen Einfluss auf den Alltag hat. Da Leben und Trading miteinander verknüpft sind, ist eine genaue Abstimmung beider Dinge im Trading-Plan sinnvoll.

Übung

Nachdem Sie Ihre Vision und Ihre Ziele formuliert haben und nun auch über die Erstellung eines Trading-Plans Bescheid wissen, erhalten Sie die Aufgabe, auf Basis der von Ihnen formulierten Ziele einen Trading-Plan zu erstellen. Dieser Plan sollte alle hier geschilderten sieben Aspekte abdecken und möglichst konkret formuliert sein. Sie können den Trading-Plan in den ersten Wochen Ihrer Trading-Aktivitäten anpassen, wenn Sie merken, dass Sie sich zuvor bei einigen Aspekten falsch eingeschätzt haben. Die Anpassung eines Trading-Plans ist absolut nichts Ungewöhnliches.

8 Hinweise für mehr Disziplin im Trading

Disziplin bedeutet Durchhaltevermögen. Je disziplinierter Sie sind, umso länger bleiben Sie an Ihren Aufgaben und Plänen dran. Angesichts der Tatsache, dass einige Personen ihre Ziele im Trading aufgrund mangelnder Disziplin nicht erreichen, werden nun 8 Hinweise zur Unterstützung der Selbstdisziplin vermittelt.

Einige der folgenden Techniken zielen darauf ab, **Situationen zu vermeiden, in denen Ihre Disziplin gefordert wird**. Um hierfür ein Beispiel zu nennen: Wer immer in einem Umfeld voller Ablenkungen arbeitet, muss sich nicht wundern, dass es schwerfällt, konsequent am Ball zu bleiben. Unter diesen Umständen wird die Disziplin immens gefordert. Eine Vermeidung der Ablenkungen durch einen Wechsel des Umfelds wäre in diesem Fall die Lösung, bei der Sie Ihre Disziplin vor keine Herausforderungen stellen. An dieser Stelle setzen die 8 Hinweise an.

#1: Arbeitsumfeld ohne Ablenkungen schaffen

Ein Arbeitsumfeld ohne Ablenkungen charakterisiert sich durch eine angenehme Arbeitsatmosphäre. Diese Atmosphäre ist in **Büros, Bibliotheken und an vergleichbaren Orten** gegeben. Auch ein Café, in dem viele Gäste arbeiten oder studieren, wie es beispielsweise bei *Starbucks* und anderen Cafés mit kostenlosem

WLAN sowie Steckdosen der Fall ist, kann ein gutes Arbeitsumfeld sein, sofern Ihnen die Geräusche nichts ausmachen.

Das Home-Office ist prinzipiell ebenfalls eine gute Arbeitsumgebung. Jedoch ist das **Home-Office für Personen mit einer geringen Selbstdisziplin problematisch**, denn im Home-Office kommen diese Personen eher auf die Idee, nebenbei den Haushalt zu machen, sich die Lieblingssendung im Fernsehen anzuschauen oder anderen daheim üblichen Tätigkeiten nachzugehen (Abraham, 2023). Wer Probleme mit seiner Disziplin hat, arbeitet am besten in der Bibliothek oder mietet sich einen Platz in einem Co-Working/Shared Workspace.

#2: Messenger-Apps stumm schalten

Alle digitalen Endgeräte, die einen von der Arbeit ablenken können, sollten abgeschaltet werden. Falls das nicht möglich ist, weil Sie das jeweilige Endgerät zum Trading benötigen, schalten Sie ersatzweise die Messenger-Apps und Social Media stumm. So **sinkt die Wahrscheinlichkeit, dass Sie in Versuchung geraten, sich die jüngsten Meldungen auf dem Smartphone anzusehen**. Das bedeutet, dass Sie gar nicht erst an den Punkt kommen, an dem Ihre Disziplin auf die Probe gestellt wird.

#3: Präferierte Arbeitszeiten finden

Einige Personen haben **Tageszeiten, an denen sie generell produktiv sind**, und Tageszeiten, an denen Sie absolut keinen Antrieb zur Arbeit verspüren. An den Tageszeiten mit einer generell hohen Produktivität sollte getradet werden. **Beim Trading zu präferier-**

ten Arbeitszeiten ist die Motivation wesentlich höher und Sie kommen besser voran. Folglich brauchen Sie weniger Disziplin als bei der Arbeit zu unproduktiven Tageszeiten.

#4: Mit Visualisierungen arbeiten

Visualisierungen sind nicht nur mit Blick auf die Emotionskontrolle hilfreich, sondern ebenso zur Förderung der Disziplin geeignet. **Wer die Fortschritte bei der Zielerreichung visualisiert, sieht und begreift den Sinn der ganzen Arbeit und Mühe**. Man gehe von den Fortschrittsbalken als Visualisierungsmethode für die Zielerreichung aus: Mit jedem Stück des Balkens, das aufgefüllt wird, steigt das Bewusstsein dafür, dass man seinem Ziel näher kommt. Dies fördert die Disziplin.

Irgendwann ist ein Viertel des Balkens gefüllt und Sie merken: „Ein Viertel des Weges ist hinter mir. Wow! Nur noch dreimal das Gleiche und ich habe das Ziel erreicht. Dranbleiben!“ Wenn irgendwann starke Gefühle der Demotivation und des Zweifels einsetzen und Sie bereits mehr als die Hälfte des Fortschrittsbalkens gefüllt haben, sagen Sie sich vielleicht: „Ich habe mehr als die Hälfte meines Ziels erreicht. Jetzt aufzugeben, wäre absolut schade.“

Durch einen einzigen Blick auf die Visualisierung des bisherigen Fortschritts **rücken die Gefühle und Gedanken, die Sie von der weiteren Arbeit an den Zielen abhalten, in den Hintergrund**. Daher werden Sie die Arbeit meist diszipliniert fortsetzen.

#5: Mit Belohnungen arbeiten

Was noch mehr hilft als die Visualisierung des Fortschritts bei der Zielerreichung, ist, den Fortschritt zu fühlen. Ob man sieht oder fühlt, dass man im Leben vorankommt, ist ein großer Unterschied. **Positive Gefühle spenden Menschen wesentlich mehr Kraft und Durchhaltevermögen** als die Visualisierung des Fortschritts in einem Diagramm. Doch wie sorgt man dafür, dass man den Fortschritt fühlt? Belohnungen sind hierfür ein exzellentes Mittel.

Wer sich regelmäßig belohnt, spürt mit allen Sinnen, dass es etwas bringt, diszipliniert und beständig an seinen Zielen zu arbeiten. Man gehe davon aus, ein Trading-Anfänger würde sich mit erfolgreichem Trading künftig einen wesentlich höheren Lebensstandard finanzieren wollen. Dieser Trader könnte **sich alle drei Monate für seinen Fortschritt belohnen**, indem er sich von 20 % seiner Trading-Gewinne etwas kauft, was er sich sonst nicht gönnt. Auf diesem Wege würde sich der Trader einen Vorgeschmack davon geben, was ihn erwartet, wenn er beständig an seinen Zielen arbeitet.

#6: Sich selbst loben

Gemäß dem Grundsatz der positiven Affirmationen empfiehlt es sich, sich öfter selbst zu loben. Nehmen Sie sich hierfür **jeden Abend ein paar Minuten Zeit, schauen Sie in den Spiegel und sprechen Sie z. B. deutlich aus**: „Ich habe heute hervorragend gearbeitet, weil ich mich bei dem Trade an meine Stop-Loss-Limits gehalten und trotzdem Gewinne nicht zu vorzeitig realisiert habe.“ Wiederholen Sie positive Sätze wie diese mehrmals. Wer sich immer dann lobt, wenn ihm das Lob tatsächlich zusteht, **stärkt sukzessive das Selbstvertrauen und Selbstwertgefühl** und gibt den Handlungen einen Sinn. Je mehr Sinn die Handlungen haben und je mehr das Selbstwertgefühl durch diese Handlungen bestärkt wird, umso stärker wird die Disziplin sein.

#7: Unterstützung bei anderen Personen suchen

Das Umfeld kann die Disziplin stärken oder mindern. Bei häufigem Kontakt zu Personen, die regelmäßig Zweifel am Trading äußern und Ihnen etwas anderes empfehlen, wird es Ihnen schwerfallen, Disziplin zu wahren. Anders verhält es sich mit einem Umfeld, in dem Sie und andere Personen sich gegenseitig bestärken. Mit Blick auf die Förderung der Disziplin ist es vorteilhaft, eine **Community mit anderen Tradern** zu haben.

Nur Trader haben ein vollkommenes Verständnis für die typischen disziplinarischen Probleme, die beim Trading auftreten können. Daher gilt der Ratschlag, sich eine Trading-Community aufzubauen und sich in dieser Community **regelmäßig über Zweifel und mangelnde Motivation auszutauschen**. Wenn in einer Community auch negative Aspekte offen kommuniziert werden können und man die Hilfe der anderen Trader erhält, liegt eine resiliente Community vor, deren **Mitglieder mit Rückschlägen und Zweifeln gut umgehen können** und immer wieder zur Stärke zurückfinden.

#8: Disziplin im Alltag kultivieren

Je stärker die Disziplin im Alltag kultiviert wird, umso mehr profitieren davon die anderen Bereiche des Lebens. Wenn Sie beispielsweise dreimal pro Woche trainieren, gehen Sie einer Sportart konsequent nach. Dies zeigt, dass Sie prinzipiell dazu in der Lage sind, Aktivitäten diszipliniert auszuüben.

Mit der **Menge an Tätigkeiten, denen Sie im Alltag diszipliniert nachgehen**, steigt die Wahrscheinlichkeit, dass sich die Disziplin aufs Trading überträgt. Wem es auch im Alltag schwerfällt, diszipliniert zu sein, kann mit Kleinigkeiten beginnen. Ein Beispiel für eine solche Kleinigkeit ist, **jeden Morgen das Bett zu machen und jeden Abend das Geschirr zu waschen**. Auch wenn dies nach Kleinigkeiten klingt: Alles im Leben ist miteinander verknüpft. Die Disziplin bei Kleinigkeiten überträgt sich zunächst schleichend und daraufhin immer stärker auf die größeren Vorhaben.

Übung

Wählen Sie unter den geschilderten 8 Hinweisen zur Förderung der Disziplin drei Methoden aus, die Sie befolgen möchten. Halten Sie diese Methoden in Ihrem Trading-Plan fest, um ihnen einen verbindlichen Charakter zu geben. Dokumentieren Sie mindestens jede Woche einmal, wie Ihnen die drei von Ihnen ausgewählten Methoden dabei helfen, Ihre Disziplin zu wahren oder zu steigern. Nehmen Sie bei Notwendigkeit Anpassungen vor; z. B. dann, wenn sich die Methoden als nicht wirksam erweisen.

Säule 4

Balance zwischen persönlichem Leben und Trading

Es ist lobenswert, nach mehr beruflichen Möglichkeiten, nach einer besseren finanziellen Lage und nach Anerkennung von außen zu streben. Doch letztlich sind Sie in erster Linie sich selbst verpflichtet und tragen die Verantwortung dafür, dass Sie mit Ihrem Leben glücklich sind. Mit Blick auf das **persönliche Glück** ist die Work-Life-Balance, also ein **ausgewogenes Verhältnis zwischen Arbeit und Privatleben**, unverzichtbar.

Abgesehen von Ihren Verpflichtungen sich selbst gegenüber sind Sie bis zu einem gewissen Grad auch Ihrer Familie und Ihren Freunden verpflichtet. Familie und Freunde sind eindeutig Bestandteil des Privatlebens und ohne eine Einhaltung der Work-Life-Balance werden Sie aus dem Verhältnis zu Familie und Freunden nicht das Optimum ausschöpfen können.

Die Work-Life-Balance leistet demnach in mehrfacher Hinsicht einen wichtigen Beitrag zur psychischen Gesundheit und ist dadurch **direkter Bestandteil der Trading-Psychologie**. Falsche Entscheidungen im Trading und mangelnde Emotionskontrolle gehen in einigen Fällen z. B. auf eine fehlende geistige Ausgeglichenheit und eine Unzufriedenheit aufgrund der Vernachlässigung des Privatlebens zurück. Dieses Kapitel hilft dabei, eine ausgewogene Work-Life-Balance zu erreichen.

5 Stressquellen im Trading

Bei Befragungen von Personen aus verschiedenen beruflichen Richtungen wird der Zeitmangel oft als größte Stressquelle angegeben. Zeitmangel hat jedoch immer einen Grund. Beispielsweise kann er das Resultat einer schlechten Planung, einer zu anspruchsvollen Zielformulierung oder anderer negativer Einflüsse sein.

Wer hingegen sorgfältig und realistisch plant, geht mit seiner Zeit effizienter um und wird als Folge dessen seltener einen Zeitmangel erleiden. Daher haben Sie im vorigen Kapitel **durch die genaue Zielformulierung bereits eine gute Basis zur Stressprävention** gelegt.

Neben dem Zeitmangel werden im Folgenden vier weitere Stressquellen vorgestellt. Durch die Informationen zu den Stressquellen erlangen Sie Aufschluss darüber, worauf Sie beim Trading und in sonstigen Lebensbereichen achten müssen, um stressfrei gute Leistungen abrufen zu können.

#1: Mangel an Zeit

> „Regelmäßig zeigen entsprechende Umfragen, dass die Hitliste der Stressoren vom Zeitdruck angeführt wird. Man muss oder will zu viele Aufgaben in der verfügbaren Zeit erledigen. Je nach Zielgruppe klagen 50 % bis mehr als 80 % der befragten Per-

> sonen über „zu wenig Zeit". Als ständiger Hintergrundstressor bestimmt der Zeitdruck den beruflichen und privaten Alltag. Dabei liegen die Ursachen nicht immer und ausschließlich in den äußeren Anforderungen, oft tragen auch persönliche Einstellungen und Verhaltensweisen sowie eine ungünstige Zeitplanung dazu bei, dass Zeitdruck entsteht." (Kaluza, 2015)

Unter die äußeren Faktoren, die Stress verursachen, fallen beispielsweise **ständige Ablenkungen von der Arbeit**. Ein Umfeld mit Ablenkungen erschwert es nicht nur, wie in Kapitel 3 beschrieben, diszipliniert an seinen Aufgaben zu arbeiten, sondern die Ablenkungen kosten viel Zeit, denn jedes Mal, nachdem man bei der Arbeit unterbrochen wurde, muss man wieder den Anschluss finden, um weiterzuarbeiten.

Weitere äußere Faktoren, die Stress verursachen, sind beispielsweise:

- zu viele Aufgaben
- Telefonate
- ständige Unterbrechungen
- unklare oder ständig wechselnde Aufgaben

Hinzu kommen **eigene Verhaltensweisen und Einstellungen sowie eine ungünstige Zeitplanung** als Ursachen für Zeitmangel und den daraus resultierenden Stress. Die Schwierigkeit, Prioritäten zu setzen, und die Neigung dazu, Dinge perfekt machen zu wollen, sind Beispiele für Verhaltensweisen und Einstellungen, die zu Zeitmangel führen können. Unangenehmes oder Entscheidungen aufzuschieben, ist eine Verhaltensweise, die die effiziente Nutzung des eigenen Zeitkontingents verhindert. Zudem können

Fehler in der Zeitplanung, wie etwa ein zu enger Zeitrahmen, zu Stress führen.

#2: Ungewissheit und Unsicherheit

Trading ist ein **Business der Ungewissheit und Unsicherheit**. Da es keine Garantie auf Gewinne gibt und das Verlustrisiko omnipräsent ist, müssen Trader lernen, mit der Ungewissheit zu leben. Sie müssen darauf vertrauen, dass sie mit ihren Analysen größtenteils richtig liegen und nur in wenigen Fällen Verluste verzeichnen. Wer nicht damit klarkommt, bei jedem Trade geduldig warten zu müssen, wie sich der Kursverlauf entwickelt, neigt zu vorschnellen Entscheidungen.

Ungewissheit und Unsicherheit sind eine ernstzunehmende Ursache von Stress, denn sie begleiten einen über die gesamte Dauer der Trades und lassen sich nicht einfach mit einem der in diesem Kapitel vorgestellten 17 Stress-Killer beseitigen. Aufgrund der tiefen Verwurzelung von Unsicherheit **bedarf es einer Veränderung der Denkweisen, um nicht in Stress zu verfallen**. Die Techniken und Hinweise aus dem zweiten Kapitel über kognitive Verzerrungen helfen hierbei. Wer die Ungewissheit und Unsicherheit ebenso wie die Verluste als einen natürlichen Bestandteil des Tradings akzeptiert, wird diese Stressquelle überwinden.

#3: Zu hohe oder keine Anforderungen

Stressoren sind bis zu einem gewissen Grad wünschenswert, denn sie **animieren den Menschen zu Handlungen und zur Weiterentwicklung**. „Ein Leben ohne Stressoren ist daher weder vorstellbar noch wünschenswert. Erstarren in Routine, Langeweile,

Stillstand, ja letztlich körperlicher und geistiger Verfall wären die Folgen.“ (Kaluza, 2015) Die Frage mit Blick auf die Work-Life-Balance ist nicht, ob Stressoren vorhanden sind, sondern wie zahlreich und intensiv diese sind.

Nicht umsonst heißt es im dritten Kapitel bei der Zielformulierung, Sie sollten die **Ziele fordernd, aber nicht überfordernd formulieren** – also die Ziele so festlegen, dass Sie diese innerhalb der geplanten Zeit erreichen können, aber dafür Mühe investieren müssen. Dieser Hinweis zur Zielformulierung und die SMART-Methode dienen dazu, Anforderungen an sich selbst so zu formulieren, dass man im Leben vorankommt und sich weiterentwickelt, aber gleichzeitig genug Raum für die geistige Gesundheit und Leistungsfähigkeit lässt.

Weiter die Äußerungen von Kaluza in seinem Ratgeber *Gelassen und sicher im Stress* (2015):

> „Es ist ein Missverständnis, auf das ich gelegentlich stoße, zu meinen, dass es beim Thema ‚Stressmanagement‘ darum ginge, ein möglichst anforderungsarmes Leben zu propagieren, ein Leben in der Hängematte, sozusagen an einer energetischen Nulllinie. Nein, nicht darum geht es, sondern um ein lebendiges Gleichgewicht zwischen Phasen der Auseinandersetzung mit Anforderungen, des Einsatzes und des Engagements einerseits und Phasen der Distanzierung, der Entspannung und Erholung andererseits.“

Wie es gelingt, ein Gleichgewicht zwischen Anforderungen und Erholung zu schaffen, wird im weiteren Verlauf dieses Kapitels noch thematisiert; die **Anleitung zur Schaffung einer einwandfreien Work-Life-Balance** wird diesbezüglich richtungsweisende Techniken und Hinweise enthalten.

Abschließend ist zu bedenken, dass nicht nur zu hohe, sondern **auch fehlende Anforderungen für Stress sorgen können**. Wer beispielsweise nur das Leben unter Palmen gewohnt ist, ist weniger abgehärtet gegen Stress. Tauchen nun kleinste Herausforderungen auf, so kann es sein, dass Körper und Geist zügig mit Stresssymptomen reagieren. Demnach sind die regelmäßige Zielsetzung und die **konsequente Arbeit an Zielen** im Trading wichtig, um **sich an ein gesundes Maß an Stress zu gewöhnen**.

#4: Schädigende Einflüsse am Arbeitsplatz

Im vorigen Kapitel wurde bereits erläutert, wie wichtig ein geeignetes Umfeld für die Aufrechterhaltung der eigenen Disziplin ist. Wer trotz eines ungeeigneten Umfelds diszipliniert arbeitet, aber durch störende Einflüsse abgelenkt wird, erleidet im **Spannungsfeld aus eigenem Arbeitswillen und äußeren Ablenkungen** viel Stress. Störende Einflüsse gibt es auch an Orten, die eigentlich zur Arbeit geschaffen sind, wie etwa am Arbeitsplatz:

- Störende Kollegen
- Unbequemer Arbeitsplatz
- Laute Geräuschkulisse
- Private Nachrichten per WhatsApp, E-Mail u. Ä.

All diese Dinge sorgen dafür, dass man neben der Arbeit gegen störende Faktoren ankämpfen muss und durch diese zusätzliche

Herausforderung unter Stress gerät. Jede Ablenkung, die einen von der Arbeit abbringt, muss zunächst eliminiert werden und daraufhin muss man wieder in den Arbeitsflow zurückfinden – dieser Zustand ist problematisch.

Ein Arbeitsplatz, an dem schädigende Einflüsse vorliegen, sollte sofort verändert oder verlassen werden. Mögliche Anpassungen sind beispielsweise die Blockierung aller Quellen, aus denen private Nachrichten eintreffen können. **Fürs Trading sollten Sie einen eigenen E-Mail-Account erstellen**, sodass Ihre privaten E-Mails darin gar nicht erst erscheinen. Bei einer lauten Geräuschkulisse schaffen vielleicht Kopfhörer Abhilfe; hier können Sie zusätzlich Musik laufen lassen, die Sie beruhigt und/ oder Ihre Produktivität steigert.

Mangelnder Komfort durch beispielsweise einen minderwertigen Bürostuhl oder eine generell falsche Schreibtischhöhe kann auf vielfältige Weise Stress auslösen. So können z. B. als Folge des nicht ergonomischen Arbeitens Schmerzen auftreten. Die **Schmerzen sind ebenfalls eine Ablenkung** und tragen auf direkte Weise zur **vermehrten Ausschüttung von Stresshormonen** bei. Investieren Sie Ihr Geld zur Prävention von Rückenschmerzen in eine gute Ausstattung für Ihr Home-Office! Falls Sie hierfür kein Budget haben, sollten Sie öfter Sport für den unteren Rücken machen.

An einem guten Arbeitsplatz darf es keinen Raum für Einflüsse geben, die Sie stören. Sorgen Sie dafür, dass Sie ablenkungsfrei sind und bei Ihrer Arbeit problemlos in Ihre Flows kommen. Manchmal ist es nicht klar, was einen stört, weswegen Sie folgende Übung als Hilfestellung erhalten.

Übung

Wenn Sie demnächst bei Ihrer Arbeit ungeplant eine Pause einlegen, weil Sie etwas von außen stört, nutzen Sie die Gelegenheit, um sich im Trading-Journal oder auf einem Blatt Papier aufzuschreiben, was Sie von der Arbeit ablenkt. Identifizieren Sie die störenden Einflüsse, die am häufigsten vorkommen, und überlegen Sie sich, wie Sie diesen am besten entgegenwirken können.

#5: Innere Konflikte

Innere Konflikte belasten den Menschen und bremsen ihn im Leben aus. Wenn Sie beispielsweise hin- und hergerissen sind zwischen Vergebung und Kontaktabbruch, nachdem Sie Ihr bester Freund enttäuscht hat, spielt sich in Ihnen ein innerer Konflikt ab. Ein weiterer innerer Konflikt, der direkt mit dem Trading verbunden ist: **konträre Ziele**.

Wenn Sie sich Ziele setzen, die sich nicht gegenseitig unterstützen oder sogar ausschließen, liegen Zielkonflikte vor. Diese Konflikte beschäftigen Sie innerlich, denn **regelmäßig müssen Sie sich die Frage stellen, welchem Ziel Sie folgen möchten**. Wenn es zwei Ziele sind, für deren Verfolgung Sie reichlich Zeit haben, ist das kein Problem. Doch **bei einer zu großen Menge an Zielen sind Zielkonflikte höchst problematisch**. Aus diesem Grund sei nochmals betont, wie wichtig es ist, sich mithilfe der Anleitungen, Techniken und Hinweise im dritten Kapitel genauestens Gedanken darüber zu machen, was man eigentlich im Leben erreichen möchte und für welche Ziele man genug Zeit hat, ohne die Work-Life-Balance zu vernachlässigen.

Übung

Sie schweifen während des Tradings in Gedanken ab? Hinterfragen Sie die Gründe dafür. Eventuell sind Sie unkonzentriert, weil Sie müde sind oder weil es Ihnen generell schwerfällt, sich zu konzentrieren. Vielleicht liegt es aber auch an einem inneren Konflikt, dass Sie sich in Gedanken verlieren. Nehmen Sie Ihr Trading-Journal oder ein einfaches Blatt Papier zur Hand und bringen Sie Ihre Gedanken aufs Papier!

Wenn Sie merken, dass Sie von Schuldgefühlen, Trauer oder anderen Gedanken geplagt werden, ist nicht der richtige Zeitpunkt fürs Trading. In diesem Fall sollten Sie eine **Pause machen und sich überlegen, wie Sie Ihre Emotionen verarbeiten** und eine Lösung finden können. Zur Verarbeitung innerer Konflikte finden Sie in der weiterführenden Literatur entsprechend gekennzeichnete Empfehlungen.

17 Stress-Killer mit schneller Wirkung

Die folgenden 17 Stress-Killer sind eine **Soforthilfe für Stresssituationen**. Obwohl die Stress-Killer bei den soeben beschriebenen Stressquellen im Trading und auch sonst in Stresssituationen im Leben helfen, darf nicht vergessen werden, dass sie **das zugrundeliegende Problem, durch das es zu Stress kommt, nicht beheben**.

Dementsprechend sollten Trader abgesehen von der Anwendung dieser 17 Stress-Killer viel Mühe in den Aufbau einer einwandfreien Work-Life-Balance investieren. Die Work-Life-Balance wird im weiteren Verlauf dieses Kapitels thematisiert.

Übung

Probieren Sie jeden der folgenden 17 Stress-Killer im Verlaufe der nächsten zwei Monate mindestens einmal aus. Einige der Stress-Killer können Sie nur in bestimmten Umgebungen anwenden (z. B. Aromabad nehmen, Boxen), sodass Sie diese Aktivitäten im Voraus planen sollten.

Beachten Sie bei all den Übungen in diesem Kapitel, dass auch die Tipps aus den ersten drei Kapiteln zu einer besseren Work-Life-Balance beitragen. Beispielsweise beugt ein Trading-Plan mit reichlich Zeitpuffern einer zu engen Tagesplanung vor und dient somit ebenfalls der Stressprävention. Maßnahmen zur Emotionskontrolle helfen ebenfalls bei der Bekämpfung von Stress; **vor allem Atemtechniken sind ein exzellentes Mittel zur Stressprävention**.

10 sofortige Stress-Killer im Überblick

1. Aromabad nehmen
2. Spazieren gehen
3. Film schauen
4. Stück Schokolade langsam auf der Zunge zergehen lassen
5. Sich massieren lassen
6. Meditieren
7. Boxen

8. Yogaübungen machen
9. Dinge langsamer machen
10. Augen schließen und Affirmationen gegen Stress aussprechen

#11: Meditatives Ausdauertraining

In ihrem Ratgeber *Die 50 besten Stress-Killer* (2012) empfehlen Bamberger und Bamberger, Kraft- und Ausdauersport zu betreiben. Den Kraftsport empfehlen die beiden Autoren aufgrund der wichtigen Funktion zum Erhalt der Muskelmasse. Das Ausdauertraining wird zum einen aufgrund der Erhöhung des Kalorienverbrauchs empfohlen, „zum anderen kann man bei einem gleichmäßigen Ausdauertraining in eine Art Trance, einen meditativen Zustand geraten. Dieser führt zur Freisetzung von Wohlfühl- und Antistress-Substanzen im Gehirn, z. B. von Endorphinen.“

#12: Einfach lächeln

Auf Knopfdruck zu lächeln, hilft gegen Stress. So wie Pawlow bei dem in Kapitel 2 beschriebenen Experiment Hunde darauf konditionierte, beim Läuten einer Glocke zu sabbern, so sind wir Menschen bereits auf einige Dinge konditioniert. Beispielsweise ist das Lächeln beim Menschen der natürliche Anker für positive Emotionen.

Wenige Menschen kommen auf die Idee, einige fühlen sich beim Gedanken daran albern, doch es wirkt – wenn Sie sich **vor den Spiegel stellen und einfach übers ganze Gesicht lächeln**, setzt nach 30 bis 60 Sekunden höchstwahrscheinlich der folgende Effekt ein: Das Lächeln aktiviert in Ihrem Gehirn den Automatismus, Glückshormone auszuschütten. Zwar fällt die

Hormonausschüttung geringer als bei einem authentischen Lachen oder Lächeln aus, doch der Trick wirkt als Anti-Stress-Methode.

Mehrmals pro Tag für einige Minuten angewendet, bringt Ihnen das Lächeln auf Knopfdruck einen Sofort-Effekt zur Prävention von Stress.

#13: Früher aufstehen

Den wissenschaftlichen Theorien zufolge reichen 7 bis 9 Stunden Schlaf für einen durchschnittlichen Erwachsenen aus, um sich zu erholen. Falls Sie diese Menge an Schlaf überschreiten, können Sie einige Wochen lang probieren, früher aufzustehen. Durch 30 Minuten früheres Aufstehen gewinnen Sie mehr Zeit für ein reichhaltiges Frühstück, für einen entspannten Weg zur Arbeit, für Sport am Morgen und für andere Dinge, die Ihre Work-Life-Balance optimieren.

Tipp!

Falls es Ihnen schwerfällt, früher aufzustehen, dann verteilen Sie fünf Wecker im Zimmer und im ganzen Haus, um keine andere Wahl zu haben, als früh aufstehen zu müssen. Dann reicht es nämlich nicht mehr aus, den Wecker neben sich abzuschalten, sondern Sie müssen aufstehen, um alle anderen Wecker abzuschalten. Ehe alle Wecker abgeschaltet sind, haben Sie mehrere Meter zurückgelegt und sind wacher als der fleißigste Frühaufsteher.

#14: Bilder vom Urlaub anschauen

Wenn Sie sich ein Album mit Urlaubsbildern anschauen, werden positive Erinnerungen wach. Oder aber Sie suchen sich ein schönes Bild aus Ihrem Leben aus, das Sie immer bei sich tragen oder auf Ihren Schreibtisch stellen. Bilder sind eine Visualisierung, mit der Sie positive Emotionen ankern. Anhand von Bildern unternehmen Sie eine Reise durch Raum und Zeit, weg von allen aktuellen Problemen. Wichtig ist, sich auf diese Reise voll einzulassen und nicht nebenbei von Anrufen oder Nachrichten ablenken zu lassen (Bamberger/Bamberger, 2012).

#15: Musik hören

Fast jeder Mensch hat eine Musikrichtung, bei der er sich besonders gut entspannen kann. Bei den meisten Menschen ist es eher ruhige Musik mit einem bestimmten Rhythmus, doch für einige ist Heavy Metal oder Country die beste Musik zur Entspannung. Entsprechend dem eigenen Geschmack sollten Sie sich in Stresssituationen genau die Musik anhören, die Ihnen Entspannung verschafft. Falls möglich, können Sie zur Prävention von Stress bereits vor dem Beginn einer Aufgabe eine entspannende Musik anschalten, wenn Sie wissen, dass diese Aufgabe bei Ihnen Stress auslöst.

#16: Ordnung schaffen

Manchmal löst eine unordentliche Umgebung Gefühle von Stress aus. Das kann zum einen daran liegen, dass man Unordnung generell nicht mag und sich in einer entsprechenden Umgebung nicht wohl fühlt, zum anderen erinnert Unordnung in der privaten Umgebung daran, dass man noch saubermachen muss: Eine weitere Aufgabe also, die es zu erledigen gilt und die im Hinterkopf verweilt und Stress verursachen kann. Falls Sie Unordnung zuhause, im Büro bei der Arbeit, im Auto oder an anderen Orten haben, an denen Sie selbst Ordnung schaffen können, dann machen Sie demnächst klar Schiff! Vielleicht merken Sie anschließend, dass Sie sich wohler fühlen und weniger Stress empfinden.

#17: Öfter „Nein" sagen

Wenn Sie demnächst jemand um Hilfe bittet, überlegen Sie sich genau, ob Sie wirklich die Zeit dafür haben und auch die zur Hilfestellung erforderlichen Energiespeicher geladen sind. Das Gleiche gilt für Termine: Ist es wirklich notwendig, den Termin wahrzunehmen, oder wurde er Ihnen eher aufgeschwatzt und erzeugt keinen zusätzlichen Mehrwert? Emotional ausgeglichene und selbstbewusste Menschen sind imstande, hin und wieder „Nein" zu sagen. Wenn Sie das „Nein" gut begründen können, nimmt es Ihnen kaum ein Mensch übel.

Die 7 Grundgesetze der Work-Life-Balance

Die folgenden 7 Grundgesetze der Work-Life-Balance dienen der Prävention von Stress und der **langfristigen geistigen sowie körperlichen Ausgeglichenheit**. Im Folgenden werden vereinzelt Aspekte aus dem dritten Kapitel aufgegriffen. Diese Aspekte werden darum erweitert, dass in der **Zeitplanung** nicht nur die beruflichen Ziele und Trading-Ziele, sondern **auch die Freizeit und Hobbys berücksichtigt** werden.

Sie können die folgenden 7 Grundgesetze **in der Art einer Anleitung Schritt für Schritt abarbeiten**. Wenn Sie die folgenden Grundgesetze schrittweise verinnerlichen und umsetzen, werden Sie ein individuelles Konzept für Ihre Work-Life-Balance erarbeiten, dank dessen Sie leistungsfähiger und glücklicher sein werden – und falls Sie zwischendurch doch unter Stress geraten, nutzen Sie einfach einen der 17 Stress-Killer aus dem vorigen Abschnitt als Sofort-Hilfe.

#1: Nicht erreichbar sein

Es ist wichtig, jeden Tag Phasen zu haben, an denen man über Messenger-Apps, telefonisch und auf sonstigen Kanälen nicht erreichbar ist. In Zeiten von Home-Office, Vertrauensarbeitszeiten, modernen Arbeitsmodellen und der digitalen Transformation ist es weit verbreitet, ständig erreichbar zu sein. Dies überträgt sich außerhalb der Arbeit ebenso auf die Freizeit. Nach der Arbeit und in Pausen laden die sozialen Medien und Messenger-Apps dazu ein, auf Beiträge oder Nachrichten einzugehen. Damit stiehlt man sich jedoch wichtige Zeit, die man für sich selbst nutzen könnte.

- Legen Sie in Ihrem Alltag Phasen fest, in denen Sie gar nicht erreichbar sind.
- Während kurzer Pausen von 5 bis 10 Minuten sollten Sie nur in dringenden Fällen Nachrichten prüfen oder telefonieren. Vor allem kurze Pausen sollten intensiv zur Erholung oder für Übungen wie Atemtechniken genutzt werden.
- Definieren Sie einen Zeitraum vom Abend bis zum nächsten Morgen, an dem Sie keine Nachrichten mehr prüfen.

Idealerweise nutzen Sie in diesem Zeitraum Ihr Smartphone nicht.
- Legen Sie pro Monat einen Tag ein, an dem Sie komplett nicht erreichbar sind.

Abgesehen von der **eingeschränkten Erreichbarkeit über digitale Endgeräte** ist es vorteilhaft, sich auch physisch für einen gewissen Zeitraum zu distanzieren. Suchen Sie sich z. B. einen Ort, an dem niemand Sie findet und an dem Sie für sich allein sind. Eventuell reicht es hierfür bereits aus, wenn Sie Ihre Familie darum bitten, Sie eine halbe Stunde lang nicht in Ihrem Büro zu stören. Zeit für sich selbst zu haben, ist zum mentalen Abschalten essenziell. So sehr Sie Ihre Familie und Freunde lieben und so gern Sie mit diesen Zeit verbringen: Allein zur Selbstreflexion und um sich um Ihre eigene Gefühlswelt zu kümmern, benötigen Sie Zeit für sich allein.

#2: Faulenzen

> „Viele Berufstätige plagen sich in ihrer freien Zeit [...] mit einem schlechten Gewissen. Denn eigentlich könnte man ja am Sonntagnachmittag die Präsentation für Montag fertigstellen. Und selbst wenn sie sich ‚Freizeit' nehmen, sind viele Menschen versucht, diese ‚effizient' zu gestalten, beispielsweise durch Weiterbildung oder andere ‚nützliche' Aktivitäten." (Meifert, 2010)

Sie möchten im Trading durchstarten und arbeiten dafür zunächst nebenberuflich in Ihrer Freizeit? Dann sollten Sie berücksichtigen, dass Ihre Freizeit dadurch kürzer wird. Weder die Weiterbildung in der Trading-Theorie noch das Üben am Demo-Depot oder das Trading mit richtigem Geld ist Freizeit; es handelt sich hierbei eindeutig um Arbeit. Einer der Gründe für eine mangelnde Work-Life-Balance ist, diese Tatsache zu übersehen und zu glauben, Trading und die Trading-Weiterbildung als zusätzliche Arbeit würden einen nicht belasten. Personen überschätzen sich des Öfteren bei ihren kognitiven Kapazitäten und bürden sich zu viele Aufgaben auf.

Stellen Sie sich daher einen Zeitplan zusammen, in dem Sie neben der konsequenten Planung Ihrer Arbeitszeit und Ihres Tradings **auch Zeiten vorsehen, in denen Sie einfach faulenzen**. Diese Zeiten sollten in jedem Tag eingeplant werden. Nutzen Sie diese Zeit zum Fernsehen und für andere Aktivitäten, die auf den ersten Blick nicht „nützlich" erscheinen. Bedenken Sie dabei: Ihren Hobbys nachzugehen oder mit den Kindern zu spielen, ist kein Faulenzen. **Beim Faulenzen sind Sie komplett von Aufgaben entbunden und üben keine aktiven Handlungen aus**. So können Sie komplett abschalten.

#3: Handlungen nachgehen, die Sie mögen

Der Hinweis, jeden Tag ein bisschen zu faulenzen, bedeutet nicht, die freie Zeit komplett zu vergeuden. Wenn Sie jeden Tag oder jeden zweiten Tag für 1 bis 2 Stunden faulenzen, reicht es bereits aus. Den Rest der freien Zeit sollten Sie für Handlungen nutzen, bei denen Sie eine **Erfüllung, Spaß und Liebe** finden. Hier ein paar Beispiele:

- Treffen Sie sich 2- bis 3-mal pro Woche mit Freunden.
- Machen Sie einmal pro Woche nach Feierabend einen Ausflug mit Ihrem Partner, falls Sie sich in einer Beziehung befinden.
- Gehen Sie am Wochenende mit Ihren Kindern Minigolf spielen, falls Sie Kinder haben.
- Gehen Sie an fünf Tagen pro Woche morgens joggen.

Nutzen Sie Ihre freie Zeit aus und leben Sie Ihr Leben! Nur wenn Sie den Handlungen nachgehen, die Sie mögen oder sogar lieben, werden Sie wissen, wieso Sie arbeiten und sich mit dem Trading eine weitere Aufgabe aufgetragen haben: Damit Sie **durch einen neuen Beruf oder eine nebenberufliche Tätigkeit bessere Voraussetzungen schaffen**, um Ihr Leben bestmöglich genießen zu können. Das Trading wird Ihnen zusätzliches Einkommen und zusätzliche Freiheiten verschaffen, um Ihr Leben noch besser auszukosten. Durch Aktivitäten, die Ihnen Spaß machen und wichtig sind, **belohnen Sie sich für Ihr Durchhaltevermögen bei der Arbeit und beim Trading** und verschaffen Sie sich einen Vorgeschmack darauf, wie ein besseres Leben aussehen könnte. Zudem sorgen die Hormone, die beim Sport und bei positiver Gesellschaft ausgeschüttet werden, für einen Anti-Stress-Effekt.

#4: Keine Professionalität auf die Freizeit übertragen

Freizeit kann nur so lange als solche empfunden und genossen werden, wie sie die **Attribute von Freizeit** behält. Wenn Sie versuchen, Ihre Freizeit bis auf die Minute genau zu planen, geraten Sie zunehmend in eine Situation, in der Sie der Arbeit ähnliche

Emotionen verspüren: Wenn Sie sich sagen, dass Sie das Treffen mit Ihren Freunden um Punkt 21 Uhr wieder verlassen müssen, stehen Sie wahrscheinlich den ganzen Abend über unter Stress und können die Zeit mit Ihren Freunden nicht unbeschwert genießen. Auch dann, wenn Sie sich für Ihre sportliche Aktivität strenge Leistungsziele setzen und diese diszipliniert verfolgen, verleihen Sie der Freizeit berufsähnliche Attribute.

Es ist nichts Verwerfliches daran, ein Treffen im Freundeskreis gelegentlich zu einem früheren Zeitpunkt verlassen zu müssen. Auch dürfen Sie sich sportliche Ziele setzen und diszipliniert verfolgen. Sie sollten aber **gewährleisten, dass der Großteil Ihrer Freizeit frei von fester Zeitplanung und sehr ambitionierten Leistungszielen ist**. Räumen Sie sich die Freiheit ein, hin und wieder einfach nur zu genießen und voll im Moment zu sein!

#5: Zeitplanung

Zur Zeitplanung existieren viele Methoden, die jeweils andere Schwerpunkte verfolgen. Im Folgenden werden Ihnen **drei Methoden vorgestellt, die einfach zu verstehen und auf Anhieb umsetzbar sind**. Legen Sie mithilfe der folgenden Methoden nur eine Zeitplanung für Ihren Beruf und das Trading fest und vermeiden Sie – falls möglich – die feste Terminierung Ihrer Freizeitaktivitäten. Wenn Sie Ihre Freizeitaktivitäten fest terminieren, steigt die Gefahr, dass diese einen beruflichen Charakter erhalten und Sie die Freizeit weniger genießen. Freizeitaktivitäten sollten vor allem kein fest terminiertes Ende haben.

- **ALPEN-Methode**
  Die ALPEN-Methode bietet einen guten Einstieg in die Zeitplanung, denn sie dient der ganzheitlichen Vorgehensweise von der Definition der Aufgaben bis zu deren Nachkontrolle. Hierzu die fünf Buchstaben:

  A = Aufgaben (Welche Aufgaben und Termine stehen generell an?)
  L = Länge (Wie viel Zeit ist zur Bewerkstelligung der Aufgaben nötig?)
  P = Puffer (Wie viel Puffer für unvorhergesehene Ereignisse ist sinnvoll?)
  E = Entscheidung (Welche Aufgaben werde ich erledigen?)
  N = Nachkontrolle (War die Zeitplanung realistisch? Hat alles geklappt?)

Nachdem die Aufgaben, die Länge der Aufgaben, Termine und die Pufferzeiten festgelegt wurden, können Sie die Entscheidung treffen, **welche Aufgaben in Ihren Zeitrahmen passen und welche Sie tatsächlich erledigen wollen**. Hierzu wird es eventuell notwendig sein, gewisse Aufgaben zu priorisieren und andere aufzuschieben; bei diesem Schritt helfen die folgenden beiden Methoden der Zeitplanung, das Eisenhower-Prinzip und das Pareto-Prinzip.

- **Eisenhower-Prinzip**
  Im Eisenhower-Prinzip spielt die Priorisierung der Aufgaben eine zentrale Rolle. Man unterscheidet zwischen vier Aufgabentypen. Zunächst gibt es die wichtigen und dringenden **A-Aufgaben, die man schnellstmöglich erledigen sollte**.

Darüber hinaus gibt es die wichtigen, aber nicht dringenden B-Aufgaben, die man terminiert und später erledigt. Die C-Aufgaben sind dringend, aber nicht wichtig; hier empfiehlt sich eine Delegierung an andere Personen oder eine Erledigung in Phasen, in denen man große freie Zeitfenster zur Verfügung hat. Zuletzt gibt es die D-Aufgaben, die weder wichtig noch dringend sind und verworfen werden sollten, da es sich bei diesen nur um Zeitfresser handelt.

- **Pareto-Prinzip**
  Dem Pareto-Prinzip liegt die Annahme zugrunde, dass der Mensch 80 % der Arbeitsergebnisse in den ersten 20 % seiner Arbeitszeit erzielt. Nach den ersten 20 % der Arbeitszeit ist die Produktivität auf einem geringeren Level, sodass in 80 % der verbleibenden Arbeitszeit nur noch 20 % des Arbeitsergebnisses erzielt werden. Das Prinzip weist darauf hin, anspruchsvolle Aufgaben mit hohen Anforderungen an die Produktivität möglichst in den ersten 20 % der Arbeitszeit zu erledigen.

Übung

Versuchen Sie, das Eisenhower-Prinzip auf Ihre Aufgaben anzuwenden. Dabei ist besonders wichtig: Identifizieren Sie drei Aufgaben, die weder wichtig noch dringend sind und die Sie somit verwerfen können. Definieren Sie außerdem drei Aufgaben, die Sie an den nächsten Tagen direkt zu Arbeitsbeginn angehen, weil sie besonders wichtig und dringend sind. Bewerten Sie im Anschluss, inwiefern Ihnen das Eisenhower-Prinzip hilft.

Sobald Sie Ihre beruflichen Aktivitäten, Ihr Trading und Ihre Weiterbildung im Trading mithilfe dieser Methoden oder eigener Methoden (ein simpler Stundenplan kann zur Terminierung auch ausreichen; Anm.) terminiert haben, prüfen Sie, ob Sie genug freie Zeit für Ihr Privatleben haben: Ist genug bildschirmfreie Zeit am Abend übrig? Haben Sie genug Zeit für Ihre Familie gelassen? Reicht der Zeitrahmen aus, um entspannt und in Ruhe alle Mahlzeiten des Tages zu sich zu nehmen? Ist genug Zeit zur Selbstreflexion, zum Faulenzen und für Ihre Hobbys übrig? Wenn all das oder die meisten Punkte davon zutreffen, ist das ein gutes Zeichen. Hin und wieder darf es Tage geben, an denen das Privatleben zu kurz kommt, doch der Großteil der Wochentage sollte im Hinblick auf die Work-Life-Balance ausgewogen sein.

#6: Ausgewogene Ernährung beachten

Das menschliche Gehirn erbringt bei einer ausgewogenen Ernährung seine besten Leistungen. In Zeiten des Stresses und besonders hoher Anforderungen ist eine ausgewogene Ernährung noch wichtiger fürs Gehirn. Wichtige Nährstoffe sind vor allem:

- B-Vitamine für das Nervensystem und die Konzentrationsfähigkeit
- Magnesium für die psychische Verfassung und das Nervensystem
- Zink für die Leistungsfähigkeit des Gedächtnisses
- Omega-3-Fettsäuren für den Stoffwechsel und die geistige Fitness
- Vitamin C und E zum Zellschutz vor oxidativem Stress und fürs Immunsystem

Allgemein wird empfohlen, den **Kalorienbedarf zu 60 % aus Kohlenhydraten, zu 25 % aus Eiweißen und zu 15 % aus Fetten zu decken**. Genussmittel wie Alkohol und einfacher Zucker sollten komplett gemieden werden. Der Bedarf der in der Aufzählung genannten Mikronährstoffe, denen Vitamine, Mineralstoffe und Spurenelemente angehören, wird am besten durch eine abwechslungsreiche Ernährung gedeckt. **Dreimal Gemüse und zweimal Obst pro Tag sind optimal**. Zudem sind Nüsse, Hülsenfrüchte und Öle gute Quellen für Mikronährstoffe. Da es im Trubel des Alltags selbst bei guter Zeitplanung manchmal schwer ist, die ausreichende Zufuhr an Mikronährstoffen zu gewährleisten, und es einige Mikronährstoffe fast nur in speziellen Quellen gibt (z. B. Jod in Meeresfisch), ist eine Nahrungsergänzung durchaus sinnvoll.

Tipp!

Falls Sie zur Nahrungsergänzung keine Tabletten oder Kapseln schlucken möchten, können Sie auf andere Produkte ausweichen. Beispielsweise gibt es von der Firma *frank.* unter dem Link thefrankjuice.com zahlreiche Säfte und Suppen, die wichtige Mikronährstoffe enthalten und obendrein geschmacklich abwechslungsreich sind. Aufgrund des Kaloriengehalts können die Säfte und Suppen hin und wieder als Mahlzeitenersatz genutzt werden.

#7: Hinterfragen und optimieren

Selbstreflexion ist nicht nur mit Blick auf Trading-Entscheidungen von Bedeutung. Auch die Work-Life-Balance sollte regelmäßig hinterfragt werden. Zudem sollten Sie auf Anreize von außen eingehen. Vor allem dann, wenn **Ihre Familie und Ihre engsten Freunde sagen, dass Sie sich zu wenig Zeit für sie nehmen**, sollten Sie überlegen, ob auch Ihnen mehr Zeitvertreib mit Familien und Freunden guttun würde. Letztlich ist der Mensch ein soziales Wesen und bezieht aus der Interaktion mit seinen Mitmenschen viel Kraft.

Reflektieren Sie mindestens zweimal pro Woche abends und machen Sie dies zum Ritual. Zusätzlich zur Führung eines Trading-Journals empfiehlt sich deswegen die **Führung eines privaten Tagebuchs**. Hier schreiben Sie Ihre Emotionen und Gedanken bezüglich Ihrer Work-Life-Balance auf: Sind Sie glücklich? Machen auch die Personen, die Ihr Leben teilen, einen glücklichen Eindruck? Fühlen Sie sich erholt und haben Sie jeden Morgen Energie zum Start in den Tag? Fragen wie diese zeigen Potenziale zur Verbesserung der Work-Life-Balance auf.

5 digitale Tools zur Unterstützung der Work-Life-Balance

Zur Unterstützung der Work-Life-Balance eignen sich **die folgenden 5 digitalen Tools, die Sie in verschiedenen Bereichen der Arbeit und des Alltags unterstützen**. Während es sich bei *Asana* beispielsweise um ein Tool mit umfassenden Funktionen zum Zeitmanagement und zur Planung handelt, dient die App

Ein guter Plan durch mehrere Fragen und Erinnerungen als gute Unterstützung zur Selbstreflexion.

#1: *Asana* zum Zeitmanagement

Laut *Asana* selbst nutzen 85 % der Fortune-100-Unternehmen die App *Asana*. Für Sie ist der Kalender, in dem sich **Aufgaben eintragen, priorisieren und auf verschiedene Weisen kategorisieren lassen**, eine der wichtigsten Funktionen. Sie sehen einen Wochenkalender, in dem für jeden Tag die Aufgaben mit ihren Deadlines, wichtige Termine oder andere Informationen eingetragen sind. Die Ansicht können Sie auch von einem Wochen- auf einen Monatskalender erweitern. Durch Push-Nachrichten auf Ihren Endgeräten werden Sie **an Aufgaben erinnert** – ein praktisches Feature.

Asana bietet zudem die Möglichkeit, **Ziele mit den Aufgaben zu verknüpfen**. Jedes Mal, wenn Sie eine zur Zielerreichung benötigte Aufgabe erledigen, wird dies automatisch der Zielerreichung zugefügt und Sie sehen, dass Sie einen Schritt vorangekommen sind. Somit bietet *Asana* auch eine Visualisierung der Zielerreichung, was zur Aufrechterhaltung der Disziplin und der Motivation von Vorteil ist.

#2: App-Reihe ... *in 30 Tagen* für kurze und knackige Work-outs

Wenn Sie zwischendurch bei der Arbeit, morgens nach dem Aufstehen oder abends zum Auspowern ein kleines Workout machen möchten, ist die App-Reihe ... *in 30 Tagen* empfehlenswert. Besonders beliebt sind die Apps:

- *Spagat lernen in 30 Tagen*
- *Sixpack in 30 Tagen*
- *Dehnung und Flexibilität*

Diese und weitere Apps aus der Reihe haben feste Trainingspläne mit verschiedensten Schwierigkeitsgraden. Anfänger, Fortgeschrittene und Profis werden in den jeweiligen 30-Tages-Plänen enorm gefordert. Im Gegensatz zu vielen anderen Apps gelingt es der Anwendung *... in 30 Tagen*, **auch für Profis und Trainingserfahrene anspruchsvolle Pläne** bereitzustellen. Jedes der Tagesprogramme ist auf eine Dauer von 15 bis 30 Minuten ausgelegt und aufgrund der kurzen Dauer leicht in den Alltag zu integrieren – zumal Sie keine besondere Ausstattung für die Trainings benötigen.

#3: *7Mind* zur Meditation

Meditation wurde bereits mehrmals als Methode zur Emotionskontrolle und Stressprävention erwähnt. Personen ohne Vorerfahrung tun sich verständlicherweise schwer damit, sich hinzusetzen und eigenständig zu meditieren. Mithilfe einer App wie *7Mind* **gelingt Meditation ungeübten Personen wesentlich leichter**. Die App führt Sie mit einer ruhigen Stimme durch die Meditation. In der kostenpflichtigen Version sind Fantasiereisen als eine weitere Methode der Entspannung und Stressprävention integriert.

Tipp!

Sowohl die Meditation über die App als auch die Übungen bei der App-Reihe *... in 30 Tagen* lassen sich ausgezeichnet mit der in Kapitel 1 erklärten Bauchatmung verbinden. Wer während der Meditation und der Gymnastikübungen die Bauchatmung durchführt, steigert den Stresspräventionseffekt.

#4: *Ein guter Plan* zur Unterstützung der Selbstreflexion

Die App *Ein guter Plan* vom EGP-Verlag unterstützt, indem sie Ihnen **täglich Anleitungen zur Selbstreflexion** gibt. Zudem werden einmal am Tag Fragen nach dem eigenen Wohlbefinden, nach der Schlafqualität und weiteren Aspekten der Work-Life-Balance gestellt. Diese beantwortet man auf einer Punkteskala. Je mehr Punkte Sie jeder Kategorie geben, umso besser fällt die Gesamtbewertung des Tages aus. Jeden Abend gibt es zu der von Ihnen eingestellten Uhrzeit eine Auswertung des Tages. Dies **regt zur Reflexion über den gesamten Tag an**. In der App wird die Auswertung des Tages visualisiert, was es für einige Anwender vereinfacht, sich einen Eindruck über die Gesamtzufriedenheit zu bilden.

#5: *ChatGPT* als Assistenz im Alltag

Man muss kein Anhänger und Befürworter von Künstlicher Intelligenz (KI) sein, um den Nutzen von *ChatGPT* anzuerkennen. Der Chatbot des Unternehmens *OpenAI* **unterstützt Anwender bei den verschiedensten Aufgaben**: ob es die Analyse von Daten, die Visualisierung von Excel-Tabellen, die Erstellung von Präsentationen, die Ausarbeitung von Entwürfen und Gliederungen, die Analyse von Bildern oder ein anderer Einsatzbereich ist. Sie können *ChatGPT* in der Premium-Version **durch die Erstellung eigener GPTs auf bestimmte Einsatzbereiche trainieren** und die Qualität der Antworten optimieren.

Vor allem im Trading kommt es des Öfteren dazu, dass umfassende Datensätze ausgewertet werden müssen. Hierbei ist *ChatGPT* eine große Hilfe. Mit etwas Mühe können Sie *ChatGPT* darauf trainieren, **in Charts nach den von Ihnen gewünschten Formationen, Mustern und Kaufsignalen zu suchen**. Sowohl bei Aufgaben im Trading als auch im beruflichen oder privaten Einsatz außerhalb des Tradings nimmt Ihnen der Chatbot mehrere Aufgaben ab und verschafft Ihnen somit mehr Zeit für andere Dinge.

Säule 5

Bildung und kontinuierliche Weiterentwicklung

Durch Bildung und kontinuierliche Weiterentwicklung steigern Sie Ihr Selbstvertrauen und kontrollieren dadurch Ihre Emotionen besser. Je selbstbewusster Sie in Bezug auf ein bestimmtes Thema oder einen erlernten Inhalt sind, umso höher ist die Wahrscheinlichkeit, dass Sie sich von Verlusten im Trading nicht beeindrucken lassen und weiterhin konsequent an Ihren Zielen arbeiten. Diese fünfte Säule zeigt Ihnen, warum die kontinuierliche Weiterentwicklung so wichtig ist und welche Wege es dahin gibt.

5 Gründe, warum kontinuierliche Weiterentwicklung essenziell ist

Kontinuierliche Weiterentwicklung ist nicht einfach nur der Weg zur Vermehrung des eigenen Kapitals und des eigenen Wissensschatzes. Vielmehr ist kontinuierliche Weiterentwicklung ein **wesentlicher Bestandteil der Selbstverwirklichung**, der geistigen Gesundheit und der langfristigen Motivation im Leben. In den folgenden Abschnitten werden Sie verstehen, wieso das so ist.

Zudem werden Sie erkennen, wie eng die Weiterbildung im Trading mit der Weiterentwicklung der eigenen Persönlichkeit verbunden ist.

#1: Anpassungsfähigkeit gewährleisten

Die Wertpapierbörse und alles, was sie beeinflusst, unterliegt einem stetigen Wandel. Wenn Sie sich nicht anpassen, riskieren Sie u. a., neue Trends und große Potenziale im Trading zu verpassen. Als flexibler Trader können Sie schnell **auf Veränderungen reagieren und Ihren Trading-Plan entsprechend anpassen**, um Chancen zu nutzen und Risiken zu minimieren.

Darüber hinaus trägt Anpassungsfähigkeit zu einer besseren Verlustprävention bei. An der volatilen Wertpapierbörse kann ein Festhalten an einer nicht funktionierenden Strategie zu erheblichen Verlusten führen. Anpassungsfähigkeit ermöglicht es Ihnen, **Strategien rechtzeitig zu überdenken und Verluste in Grenzen zu halten**.

Was außerdem zu bedenken ist: Märkte bewegen sich oft in Zyklen. Was in einer bestimmten Phase oder bei einer bestimmten Wertpapierart gut funktioniert, kann sich in einer anderen Phase oder bei einer anderen Wertpapierart als falsche Herangehensweise herausstellen. Als flexibler Trader, der sich ständig in neuen Trends, Märkten und Strategien weiterbildet, können Sie sich besser den verschiedenen Zyklen, Wertpapierarten und sonstigen Aspekten anpassen.

#2: Neue Technologien und Kenntnisse nutzen

Es gibt eine Fülle an neuen Technologien, die Trader zu ihrem Vorteil nutzen können. Eventuell haben Sie bereits von dem Copy-Trading gehört: Auf bestimmten Plattformen können Sie erfolgreiche Strategien und Trades von anderen Tradern kopieren.

Falls Sie lieber Ihre eigenen Trades abwickeln und keine anderen Strategien kopieren möchten, können Sie andere Technologien nutzen, wie z. B. das algorithmische Trading. Hier nutzen Sie Computeralgorithmen, um Trades auf Basis vordefinierter Kriterien und mathematischer Formeln automatisiert durchführen zu lassen.

Ohne eine kontinuierliche Weiterentwicklung entgehen Ihnen diese technologischen Möglichkeiten, da Sie entweder keinerlei Kenntnis von den Möglichkeiten haben oder Ihre Kenntnisse zu rudimentär sind, um von den Technologien Gebrauch zu machen. Die **Kenntnis und Nutzung moderner Technologien verschaffen Ihnen mehrere Vorteile im Trading**:

- Sie handeln schneller und effizienter, weil Sie mithilfe digitaler Tools zügiger auf Marktbewegungen reagieren können.
- Ihre Analysen sind wesentlich detaillierter, da z. B. KI-Systemen Aspekte auffallen, die Menschen entgehen.
- Sie erhalten Zugriff auf aktuellere Daten und haben anderen Marktteilnehmern gegenüber einen Wissensvorsprung.

#3: Selbstbewusstsein steigern

Ein gesteigertes Selbstbewusstsein trägt – sofern es aus fundierter Weiterentwicklung resultiert und nicht der eigenen Selbstüberschätzung entspringt – positiv zum Trading-Erfolg bei. Ihre **Entscheidungen werden von mehr Zuversicht begleitet**. Des Weiteren fällt Ihnen die Unterscheidung zwischen richtigen und falschen Entscheidungen leichter. Als Folge dessen treffen Sie Ihre Entscheidungen schneller. Die **Handlungsschnelligkeit** ist im schnelllebigen Trading-Geschäft ein wichtiger Aspekt, um aus erfolgreichen Trades möglichst hohe Gewinne mitzunehmen und bei erfolglosen Trades die Verluste effizient zu minimieren.

Selbstbewusstsein ist überdies mit Blick auf die emotionale Stabilität relevant. Wer selbstbewusst ist, lässt sich **von Verlusten nicht zu schnell einschüchtern** und bleibt seinen Strategien lange genug treu, um eine valide Bilanz aus den Strategien zu ziehen und diese vernünftig zu bewerten. Auch steigert Selbstbewusstsein die eigene Zuversicht und fördert auf diesem Wege das Durchhaltevermögen.

#4: Eigenes Potenzial ausreizen

Wenn Sie Ihr Potenzial möglichst weit ausreizen, erreichen Sie Ihre Ziele schneller. Je schneller Sie Ihre Ziele erreichen, umso **mehr Möglichkeiten erlangen Sie in Ihrem Leben**. Konkret aufs Trading bezogen hat eine schnelle Erreichung Ihrer Ziele mehr berufliche Möglichkeiten, eine zunehmende finanzielle Unabhängigkeit sowie mehr finanzielle Mittel für Ihr Privatleben zur Folge. Um Ihr Potenzial auszureizen, müssen Sie sich jedoch sukzessive weiterbilden.

Schon gewusst?

Studien und führende Wissenschaftler, wie etwa Professor Ernst Pöppel, bestätigen, dass lebenslanges Lernen das Gehirn fit hält und zudem vor Erkrankungen wie Demenz und Alzheimer schützt (Hoerner, 2015). Wer sich im Trading ständig weiterbildet, hält also auch das Gehirn fit. Neue neuronale Verbindungen werden angeregt und es entstehen Ideen, wie man das errungene Wissen mit dem bereits vorhandenen Wissen verknüpfen kann und so seine beruflichen Möglichkeiten noch mehr erweitert.

#5: Aus den Fehlern und Erfolgen anderer lernen

Persönliche Weiterentwicklung ermöglicht einem nicht zuletzt, aus den Fehlern und Erfolgen anderer Trader zu lernen. Wer sich persönlich weiterbildet, sollte hierfür auch gezielt den Kontakt zu anderen Tradern suchen. **In der Unterhaltung mit anderen Tradern tauschen Sie Erfahrungen aus**. Zudem können Sie Meinungen zu Ihren Ideen und Strategien einholen. Durch den Austausch lernen Sie die Fehler anderer kennen und können die Wiederholung dieser Fehler bei sich selbst verhindern. Die Erfolge anderer Trader können entweder kopiert oder zur Bereicherung des eigenen Tradings in die individuellen Strategien integriert werden.

Auch ohne den Austausch mit anderen Tradern verschafft Weiterbildung die Möglichkeit, aus den Fehlern und Erfolgen anderer zu lernen. Erfahrene Trader beschreiben in Büchern ihre Fehler und Erfolge oder geben in Interviews einen entsprechenden Einblick. Die Erfahrungen anderer können Sie so nutzen, um keine eigenen entsprechenden Erfahrungen machen zu müssen. Durch den Zugriff auf fremde Erfahrungen erlangen Sie einen **Zeitvorteil**, da Sie diese Erfahrungen nicht in Form von tage-, wochen- oder monatelangen Prozessen selbst machen müssen.

Kompakter Überblick über 7 Lernmethoden für Trader

Die folgenden 7 Lernmethoden unterstützen Sie dabei, auf abwechslungsreiche Weise zu lernen. Mit der Abwechslung steigt in der Regel die Motivation, denn Abwechslung trägt zu einer Verringerung der Langeweile bei und eröffnet neue Blickwinkel. Wenn Sie dasselbe Thema mit mehreren Lernmethoden erlernen, steigern Sie die Wahrscheinlichkeit dafür, dass Sie alle wichtigen Facetten des Themas begreifen.

1. **Mentorship-Programme**
   In einem Mentorship-Programm lernen Sie von einem professionellen Trader persönlich. Abgesehen von den lehrreichen Strategien und Vorgehensweisen im Trading gehen Mentoren individuell auf Ihre Nachfragen ein. Die individuellen Gespräche steigern den Lerneffekt im Vergleich zum bloßen Lesen eines Buches oder Absolvieren eines Video-Kurses deutlich. Mentorship-Programme haben in der Regel jedoch einen hohen Preis, da sich der Trader persönlich Zeit für Sie nimmt. Sie finden entsprechende Angebote im Internet. Prüfen Sie bei den Angeboten, ob es sich um einen bekannten Trader handelt, denn leider versuchen einige No-Name-Trader, sich als professionelle Trader auszugeben, und täuschen auf diese

Weise die Kunden. Lesen Sie zudem die Rezensionen zu dem Mentorship-Programm, um eine Entscheidung dafür oder dagegen zu treffen.

2. **Video-Kurse und Online-Schulungen**
   Video-Kurse gibt es oft kostenlos auf YouTube oder den Websites von Brokern. Der Depot-Anbieter *IG* bietet beispielsweise mehrere kostenfreie Online-Trading-Kurse von hoher Qualität an. Meist eignen sich Video-Kurse und Online-Schulungen nur für die ersten Schritte im Trading; also dazu, um sich rudimentäres Wissen anzueignen. Vor allem in den ersten Monaten Ihrer Trading-Weiterbildung bietet es sich an, Videos als visuelles und abwechslungsreiches Medium in Ihre Weiterbildung zu integrieren. Gegen Bezahlung gibt es brauchbare Video-Kurse für Fortgeschrittene: Professionelle Zertifizierungen, z. B. Chartered Market Technician (CMT) oder Financial Risk Manager (FRM), können das Wissen in bestimmten Bereichen wie technischer Analyse oder Risikomanagement vertiefen.

3. **Lerngruppen mit anderen Tradern**
   In Lerngruppen mit anderen Tradern motiviert man sich gegenseitig und tauscht verschiedene Lernansätze aus. Wenn alle Trader wirklich daran interessiert sind, zu lernen und beim Trading Fortschritte zu erzielen, ist die Motivation in der Gruppe groß; falls mal eine Person weniger Motivation verspürt, wird sie durch den Rest der Gruppe gepusht. Allgemein trägt die Arbeit in Gruppen zu differenzierten Blickwinkeln, kreativen Ideen und effizienten Vorgängen bei.

4. **Karteikarten-Systeme**

Wenn es darum geht, gewisse Aspekte auswendig zu lernen, sind Karteikarten-Systeme praktisch. Die kleinen Karten beschriften Sie individuell mit Text und tragen Sie tagsüber bei sich. Bei Gelegenheit schauen Sie drauf und lernen etwas dazu oder vertiefen das Gelernte. Karteikarten eignen sich sehr gut, um konkretes Wissen zu festigen. Je häufiger Sie Inhalte wiederholen, umso besser prägen Sie sich diese ein.

5. **PQ4R-Methode**

Bei dieser Methode überfliegen Sie zunächst den Text und gewinnen so einen Eindruck von dessen Inhalt und einzelnen Aspekten. Daraufhin schreiben Sie Fragen zum Text auf, die Sie gern beantwortet hätten – der Hintergrundgedanke: Vor dem Lesen eines Textes fallen Ihnen eventuell Fragen ein, die Sie nach dem Lesen des Textes nicht mehr haben, aber die trotzdem im Text unbeantwortet bleiben. Lesen Sie den Text als Nächstes genau durch und markieren Sie wichtige Inhalte. Denken Sie daraufhin über die Inhalte nach und formulieren Sie bei Bedarf weitere Fragen. Holen Sie schließlich zu allen Fragen vor und nach dem Lesen des Textes weitere Informationen ein. Fassen Sie abschließend den gesamten Lernstoff – auch inklusive Ihrer beantworteten Fragen mit Informationen aus anderen Quellen – zusammen.

6. **K-W-L-Chart**

In diesem Chart legen Sie sich zunächst auf ein Thema fest, zu dem Sie etwas lernen möchten. Dann erstellen Sie zu diesem Thema eine Tabelle mit drei Spalten. In der linken Spalte steht „Was ich weiß“, in der mittleren „Was ich wissen möchte“ und in der rechten Spalte „Was ich gelernt habe“. Vor dem Lernen zu dem Thema füllen Sie die linke und mittlere Spalte aus, die Ihren derzeitigen Wissensstand und Ihre Lernziele enthalten. Die rechte Spalte füllen Sie nach dem Lernen auf. Der K-W-L-Chart unterstützt dabei, zu jeder Lernsitzung und zu jedem Thema klare Lernziele zu formulieren und die Erreichung dieser Ziele zu dokumentieren.

7. **Plakate**
   Wenn Sie Plakate mit Informationen beschriften und diese bei sich aufhängen, haben Sie das Lehrmaterial die ganze Zeit im Blick. Da Plakate groß sind, können Sie diese von Weitem lesen und mit vielfältigen Informationen – von Text bis Visualisierung – füllen; das Lesen von Weitem hat den Vorteil, dass Sie eine andere Perspektive einnehmen, als wenn Sie immer von einem Blatt Papier im Sitzen ablesen würden. Es bietet sich an, Plakate mit Visualisierungen wie Mind-Maps vor allem dann zu nutzen, wenn Sie komplexe und umfangreiche Sachverhalte lernen möchten.

15 nützliche Ressourcen und Apps für Trader

Bedenken Sie, dass bereits die Empfehlungen für Apps aus dem Kapitel zur Work-Life-Balance äußerst nützliche Ressourcen für Ihren Trading-Alltag sind. Darüber hinaus **stellen Ihre Depot-Anbieter zahlreiche Funktionen zur Chartanalyse bereit**. Somit sind Sie schon nach dem Lesen der ersten vier Kapitel und durch Ihren Depot-Anbieter mit den grundlegend wichtigen Tools ausgestattet.

Die folgenden **15 Software-Empfehlungen** sind sehr spezielle Tipps, die Ihnen den **Zugriff auf fortgeschrittene Features** bieten, mit denen Sie Ihr Trading umfassend professionalisieren können. Es bietet sich an, die folgenden Apps nur auszuprobieren, wenn Sie sich bereits mit den Funktionen in Ihrem Depot zurechtfinden.

3 Software-Tipps für voll- oder teilautomatisiertes Algo-Trading

Beim Algo-Trading werden Computeralgorithmen verwendet, um automatisch Trades auszuführen. Diese Trades basieren auf vordefinierten Kriterien wie z. B. Preis, Volumen und Zeit. Dies ermöglicht Ihnen einen schnellen Handel ohne Ihr manuelles Eingreifen. Im Hochfrequenzhandel (HFT) ist das Algo-Trading besonders weit verbreitet. Drei hilfreiche Software-Lösungen finden Sie bei den Anbietern unter den folgenden Links:

- algotrading.de
- libertex.com/de
- www.ig.com/de

IG beispielsweise hat eine eigene Software fürs Algo-Trading und erweitert diese um weitere Algo-Trading-Software von den Partnern *ProRealTime* und *MetaTrader 4 (MT4).*

3 Software-Tipps für Inspiration durch Social- und Copy-Trading

In diesem Ratgeber liegt der Fokus darauf, Empfehlungen, Techniken und Hinweise für Trader zu geben, die autark agieren und ihr individuelles Trading aufziehen möchten. Daher gilt grundsätzlich die Empfehlung, Social-Trading und Copy-Trading nur zur Inspiration zu nutzen. Indem Sie die Strategien und Trades anderer Trader beobachten, können Sie Inspirationen und neue Methoden für Ihre Trading-Aktivitäten gewinnen. Unter den folgenden Links finden Sie Angebote für Social- und Copy-Trading:

- www.activtrades.com/de
- www.zulutrade.com
- pepperstone.com/en

3 Tipps für Sentiment-Analyse-Tools zur Einschätzung der Marktstimmung

Im Vorwort dieses Ratgebers wird darauf hingewiesen, dass auf die Marktstimmung als Komponente der Trading-Psychologie nur am Rande eingegangen wird, da Sie die Marktstimmung nicht beeinflussen können. Informationen zur Marktstimmung gewinnen Sie durch das Lesen von News und mit zunehmender Erfahrung auch aus Ihrem Gefühl heraus. Damit ist gemeint: Wenn Sie die Märkte beobachten, erhalten Sie ein immer besseres Gefühl dafür, wie die Stimmung ist und wann die Märkte weniger oder mehr berechenbar sind.

Nun gibt es einige Tools, die das Ziel verfolgen, ein möglichst genaues Bild von der Marktstimmung zu zeichnen. Diese werden als Sentiment-Analyse-Tools bezeichnet. Inwiefern man sich auf diese verlassen kann, ist umstritten, doch Sie können damit selbst Erfahrungen machen und prüfen, inwiefern Sie diese Tools bei der Einschätzung der Marktstimmung unterstützen. Hier drei Links zu Anbietern entsprechender Tools:

- www.lynxbroker.de
- www.tradetaurex.com
- sentifx.com

3 Tipps für quantitative Trading-Tools zum datengesteuerten Trading

Quantitative Trading-Tools haben einige Parallelen zum Algo-Trading. Auch die quantitativen Tools basieren auf mathematischen Algorithmen. Im Gegensatz zum Algo-Trading ist das Ziel jedoch nicht das voll- oder teilautomatisierte Trading. Quantitative Tools liefern eine breite Datenbasis auf Grundlage eigener Voreinstellungen, um Ihnen die manuellen Entscheidungen und Handlungen zu vereinfachen. Mit der Software der Anbieter unter den folgenden Links können Sie die quantitativen Trading-Tools individuell ausprobieren:

- www.quantrocket.com
- www.quantconnect.com
- strategyquant.com

3 Tipps für Backtesting-Software zum Ausprobieren von Strategien

Durch Backtesting-Software ist es Ihnen möglich, Trading-Strategien und Ideen fürs Trading an historischen Daten auszuprobieren. Sie brauchen keine Übung am Demo-Depot und müssen nicht auf eine bestimmte Kursentwicklung warten, sondern greifen direkt auf die Daten aus der Datenbank der Software zu. Sie können sowohl automatisierte als auch nicht-automatisierte Strategien testen. Der Zugang zu Backtesting-Software ist bei den Anbietern unter den folgenden Links möglich:

- www.amibroker.com
- www.metatrader5.com/de
- www.tradestation.com

Schlusswort

Trading-Psychologie ist ein umfassendes und komplexes Themengebiet. Wie Sie sehen konnten, hat auch das theoretische Wissen über die technische Analyse, Trading-Strategien, Marktmechanismen etc. einen Einfluss auf die Psychologie, denn wer einen **breiten Wissensschatz** hat, trifft Entscheidungen zuversichtlicher und arbeitet beharrlicher an seinen Strategien und Zielen. Dies ist ein Zeichen emotionaler Stabilität.

Um gute Voraussetzungen für Emotionskontrolle und die Vermeidung kognitiver Verzerrungen zu schaffen, bedarf es einer **sorgfältigen Planung**, einer **einwandfreien Work-Life-Balance** und einer **kontinuierlichen Weiterentwicklung**. Fangen Sie am besten mit der Frage an, ob Sie tatsächlich mit dem Trading beginnen wollen und Ihre Ambitionen ernst sind. Wenn die Idee, mit Trading Geld zu verdienen, auf dem Versprechen des schnellen Geldes aus einer Social-Media-Werbung beruht, ist das ein schlechtes Zeichen. Sie sollten nur mit dem Trading beginnen und kontinuierlich daran arbeiten, wenn es Sie interessiert und Sie diesbezüglich eine Vision entwickeln können.

Ausgehend von einer **klaren Vision** fällt es Ihnen leichter, Ziele zu formulieren und eine Planung zu erarbeiten, wie Sie schrittweise vom Beginner zum erfolgreichen nebenberuflichen Trader werden. Eine Planung mit Pufferzeiten zum **stressfreien Erreichen der**

Etappenziele und mit genug Raum für Ihr Privatleben (Stichwort: Work-Life-Balance) hilft Ihnen dabei, geduldig zu bleiben und keine voreiligen, emotional gesteuerten Entscheidungen zu treffen.

Falls es trotz solider Planung und guter Balance zwischen Arbeit und Privatleben dazu kommt, dass Sie Emotionen schwer kontrollieren können oder einer kognitiven Verzerrung unterliegen, sollten Sie dies schnellstmöglich erkennen und Maßnahmen dagegen ergreifen. Hierzu haben Sie in den ersten zwei Kapiteln einen umfassenden Fundus an Techniken und Hinweisen erhalten. Am wichtigsten sind die **Selbstreflexion** und die **genaue Dokumentation Ihrer Aktivitäten**, denn aus lückenlosen Dokumentationen können Sie die Hintergründe Ihrer Entscheidungen auch mehrere Tage rückwirkend ermitteln und den Emotionen sowie kognitiven Verzerrungen, die Sie haben, genauestens auf den Grund gehen.

Wenn Sie nun mit der Umsetzung der Techniken und Hinweise in diesem Ratgeber beginnen, dann **starten Sie mit der Selbstreflexion**: Bin ich damit zufrieden, wie die Dinge in meinem Leben laufen? Was will ich eigentlich und wie kann mir das Trading dabei helfen? Welche Emotionen habe ich des Öfteren nicht unter Kontrolle? Inwiefern zeigt sich eine mangelnde Emotionskontrolle im Trading? Entdecke ich bei mir eventuell falsche Denkmuster? Basierend auf dieser Selbstreflexion können Sie die erforderlichen Handlungspunkte ermitteln und im Trading psychisch stabil und rational agieren. Viel Erfolg dabei!

Quellenverzeichnis

Abraham, S. (2023). Diese drei Tipps verhelfen Ihnen zu mehr Selbstdisziplin. *Handelsblatt.* https://www.handelsblatt.com/karriere/disziplin-lernen-diese-drei-tipps-verhelfen-ihnen-zu-mehr-selbstdisziplin/29246096.html

Alidina, S. (2021). *Achtsamkeit für Dummies* (2. Aufl.). Weinheim: Wiley-VCH GmbH.

AOK. (2020). 5 Atemübungen für Entspannung im stressigen Alltag. https://www.aok.de/pk/magazin/wohlbefinden/stress/5-atemuebungen-fuer-mehr-ruhe-und-entspannung

ATAS. (2024). Wie man Exit-Strategien in ATAS verwendet. https://atas.net/de/atas-moglichkeiten/schutzstrategien-fuer-einen-trader

Bailey, C. (2019). *Hyperfocus. Wie man weniger arbeitet und mehr erreicht.* München: Redline Verlag.

Baumeister, R., & Tierney, J. (2022). *Die Macht der Disziplin. Wie wir unseren Willen trainieren können.* Frankfurt am Main: Campus-Verlag.

Bamberger, C. M., & Bamberger, A.-M. (2012). *Die 50 besten Stress-Killer.* Stuttgart: TRIAS Verlag in MVS Medizinverlage Stuttgart GmbH & Co. KG.

Benz, A. (2023). Viele Denkfehler folgen demselben Prinzip. *Spektrum.de.* https://www.spektrum.de/news/

kognitive-verzerrungen-viele-denkfehler-folgen-demselben-prinzip/2135787

Blech, J. (2023). *Masterplan Gesundheit. Was Körper und Geist brauchen, um lange jung und fit zu bleiben.* München: Deutsche Verlags-Anstalt.

Blickhan, D. (2015). *Positive Psychologie. Ein Handbuch für die Praxis.* Paderborn: Junfermann Verlag.

Bolhoefer, E. (2022). Kognitive Verzerrungen: So beeinflussen Sie Ihre Geschäftsentscheidungen. *Qonto.* https://qonto.com/de/blog/kmu/tipps-und-tools/kognitive-verzerrungen-so-beeinflussen-sie-ihre-geschaftsentscheidungen

Burchard, B. (2020). *High Performance Habits. Die Kunst, außergewöhnlich zu werden.* München: FinanzBuch Verlag.

Carter, J. F. (2013). *Das große Buch des Swing- und Daytradings. Erfolgreich an den internationalen Börsen handeln.* München: FinanzBuch Verlag.

Daeubner, P. M. (2007). *Die besten Tradingstrategien. So schlagen Sie konstant den Markt!* München: FinanzBuch Verlag.

Douglas, M. (2023). *Tradingpsychologie. Denken und handeln wie ein professioneller Trader.* München: Vahlen.

Engelkamp, M. (2024). Hindsight Bias (Rückschau-Fehler) – Definition & Beispiel. *DELTAVALUE.* https://www.deltavalue.de/hindsight-bias

Geisselhart, R., & Hofmann, C. (2015). *Stress ade. Die besten Entspannungstechniken* (7. Aufl.). Freiburg: Haufe-Lexware GmbH & Co. KG.

Graumann, L., Walter, U. N., Krapf, F., & Beck, D. (2019). *Regeneration. Jeden Tag erholt, ausgeschlafen und erfolgreich.* München: Riva Verlag.

Grebe, S., Grundmann, S., & Phillipps, F. (2017). *Crash Kurs Börse* (2. Aufl.). Kulmbach: Börsenmedien AG.

Hoerner, K. (2015). „Lebenslang lernen schützt das Gehirn". *FOCUS online.* https://www.focus.de/gesundheit/ratgeber/gehirn/lebenslang-lernen-schuetzt-das-gehirn-demenz-und-alzheimer_id_2112188.html

HSBC-Zertifikate.de. (2016). Tradingstrategien mit Hebelprodukten. https://www.hsbc-zertifikate.de/pdfs/produktbeschreibungen/TradingstrategienMitHebelprodukten.pdf

Huchzermeier, D. (2023). Tradingstrategien. *consorsbank.de.* https://www.consorsbank.de/content/dam/de-cb/editorial/PDF/Transversal/Handelsblatt-Playbook-Trading-Strategien-Juni-2023.pdf

IG.com. (2024). Trading-Plan: So entwickeln Sie einen Handelsplan. https://www.ig.com/at/trading-strategien/trading-plan--so-entwickeln-sie-einen-handelsplan-190121

Investment Academy. (2017). *Daytrading für Beginner. Schritt für Schritt zum erfolgreichen Daytrader.* [Self-published].

Jeffers, S. (2017). *Selbstvertrauen gewinnen. Die Angst vor der Angst verlieren* (18. Aufl.). München: Kösel-Verlag.

Kalbheim, E. (2017). *Meine Stärken entdecken und entwickeln für Dummies.* Weinheim: Wiley-VCH Verlag GmbH & Co. KGaA.

Kaluza, G. (2015). *Gelassen und sicher im Stress. Das Stresskompetenz-Buch: Stress erkennen, verstehen, bewältigen* (6. Aufl.). [Verlag/Ort nicht angegeben].

Kapellen, R. (2024). *Schluss mit Stress – endlich Zeit. Mein persönlicher Weg aus dem Stress zu mehr Zeit und Gesundheit.* Paderborn: ForwardVerlag.

Köber, J. C. (2018). *Sichere Börsen Strategien. Mit 20 simplen Grundregeln und 4 unterschiedlichen Strategien für verschiedene Anlegertypen.* München: FinanzBuch Verlag.

Kostolany, A. (2022). *Der grosse Kostolany. Börsenseminar – Börsenpsychologie – Die besten Geldgeschichten.* Berlin: Ullstein Buchverlage GmbH.

Kundermann, M. (2018). *Emotionale Stresskompetenz. Die Kunst der Selbstberuhigung.* Berlin: Goldegg Verlag GmbH.

Leimon, A., & McMahon, G. (2018). *Positive Psychologie für Dummies* (2. Aufl.). Weinheim: Wiley-VCH Verlag GmbH & Co. KGaA.

Leonhardt, J. (2016). *Stressmanagement. Mit weniger Druck mehr erreichen.* Weinheim: Beltz Verlag.

Lorenz, T., & Höcker, A. (2015). *Wert-voll leben.* Offenbach: GABAL Verlag GmbH.

Lüddemann, M. (2024). Das Trading-Journal – der Schlüssel zu Deinem Erfolg als Trader. *mariolueddemann.com.* https://mariolueddemann.com/blog/das-trading-journal-der-schluessel-zu-deinem-erfolg-als-trader

Maier, G. W. (2024). Kognitive Dissonanz. *GABLER WIRTSCHAFTSLEXIKON.* https://wirtschaftslexikon.gabler.de/definition/kognitive-dissonanz-37371

Meyer, G. (n.d.). Gefahren- und Suchtpotenzial von Börsenspekulationen. *gluecksspielsucht.de.* https://www.gluecksspielsucht.de/materialien/BRSEN1DO.pdf

Montasser, J., & Bergholz, L. (2024). *Glücklich arbeiten, besser leben. Mehr Leichtigkeit im Alltag und im Beruf. Wie Du Dein Arbeitsumfeld nach Deinen Regeln gestaltest.* Hamburg: KNIGA Verlag.

Murphy, J. J. (2006). *Technische Analyse der Finanzmärkte. Grundlagen, Strategien, Methoden, Anwendungen.* München: FinanzBuch Verlag.

Nehls, M. (2022). *Das erschöpfte Gehirn. Der Ursprung unserer mentalen Energie – und warum sie schwindet.* München: Heyne Verlag.

Niklewski, G., & Riecke-Niklewski, R. (2013). *Das Anti-Stress-Konzept.* Berlin: Stiftung Warentest.

Newport, C. (2017). *Konzentriert arbeiten. Regeln für eine Welt voller Ablenkungen.* München: Redline Verlag.

Penner, Z. (2023). *Wut-Management. Nie wieder explodieren! Ein Leitfaden in 3 Schritten und ein Arbeitsbuch für die Analyse, das Verstehen und die konsequente und nachhaltige Auflösung von Wut und Aggression.* [Self-published: ZP Publishing].

Prieß, M. (2015). *Resilienz. Das Geheimnis innerer Stärke.* München: Südwest Verlag.

psylex.de. (2024). Kognitive Verzerrung (Psychologie). https://psylex.de/psychologie-lexikon/kognitiv/kognitive-verzerrung

Salomon, S. (2019). *Das große Lehrbuch der Chartanalyse. Wie Sie Kauf- und Verkaufssignale erkennen. Mit Bleistift und Lineal zum Erfolg!* München: FinanzBuch Verlag.

Sieck, H. (2024). *Zeit- und Selbstmanagement* (2. Aufl.). München: C. H. Beck.

Spahn, T. (2021). *Daytrading für Einsteiger. Wie Sie die Grundlagen des Daytradings schnell verstehen und Schritt für Schritt Ihre finanzielle Freiheit mit Aktien aufbauen.* [Self-published: Books on Demand].

Swing, M. (2022). *Daytrading für Einsteiger. Ein praktischer Leitfaden zum Erlernen gewinnbringender Trading-Strategien, zum Umgang mit Geld und zur Anwendung der Trading-Psychologie.* [Self-published].

Taghikhan, A. (2016). *Wie erfolgreiche Trader denken und handeln. Grundlagen und Strategien für erfolgreiches Trading.* München: FinanzBuch Verlag.

Tepperwein, K. (2011). *Kraftquelle Mentaltraining. Eine umfassende Methode, das Leben selbst zu gestalten.* [Ort unbekannt]: Ariston Verlag in der Verlagsgruppe Random House GmbH.

Tharp, V. K. (2015). *Clever traden mit System 2.0. Erfolgreich an der Börse mit Money Management und Risikokontrolle.* München: FinanzBuch Verlag.

Torrance, J. R. (2021). *Ab sofort produktiver arbeiten. 50+ einfache Hacks, mit denen Sie Ihre Aufgaben besser organisieren, Prokrastination überwinden und Ihr Zeitmanagement perfektionieren.* Gorxheimertal: High Performance Media.

Ullrich, R. (2021). *Trading-Psychologie für Dummies.* Weinheim: Wiley-VCH GmbH.

Wagner, A. C. (2021). *Gelassenheit durch Auflösung innerer Konflikte. Mentale Selbstregulation und Introvision* (3. Aufl.). Stuttgart: Kohlhammer Verlag.

Welz, N. (2012). *Tradingpsychologie. So denken und handeln die Profis. Spitzenperformance mit Mentaltraining.* München: FinanzBuch Verlag.

Williams, A. L. (2000). *Besser traden. Erfolgreich Futures handeln mit der richtigen Methode.* München: FinanzBuch Verlag GmbH München.

Windscheid, L. (2021). *Besser fühlen. Eine Reise zur Gelassenheit.* Hamburg: Rowohlt Polaris.

Winkler, D. (2021). *Schnellkurs Aktien* (13. Aufl.). Regensburg: Walhalla u. Praetoria Verlag GmbH & Co. KG.

Zec, M. (2020). Die 6 Denkhüte von De Bono. *Kreativitätstechniken.info.* https://kreativitätstechniken.info/ideen-generieren/die-6-denkhute-von-de-bono

Made in the USA
Monee, IL
04 November 2026

67385356R00095